いま知らないと後悔する
2024年の大学入試改革

石川一郎

青春新書
INTELLIGENCE

はじめに　日本の教育はこれから大きく変わる

２０２０年、もっと話題になるはずだった出来事といえば何でしょう？　まっさきに「東京オリンピック」を思い浮かべる方が多いのではないでしょうか。

新型コロナウイルスの影響で、この日本にとっての一大イベントは翌年に延期、実施されましたが、実はもう一つ、本来であれば２０２０年にもっと大きく取り上げられるはずだった重大な出来事がありました。

それが、小学校から大学におよぶ日本の教育〝大〟改革です。

それがどれほど大きなものなのかは、すでに起こっている次の2つの大きな変化からもわかります。

まず、学校教育の方向性が変わりました。学校教育の方針を示す学習指導要領は、10年に1回のサイクルで改訂が行われます。２０２０年はその改訂年にあたり、まずは小学校から新カリキュラムがスタートしました。２０２１年には中学校でもスタートし、２０２２年からは高校で新しい教育が始まります。

新しい学習指導要領では、次の3つの資質・能力を育成し、未来を生きる子どもたちに「生きる力」を身につけさせることが教育の趣旨だとされています。

・実際の社会や生活の中で生きて働く「知識及び技能」
・未知の状況にも対応できる「思考力、判断力、表現力等」
・学んだことを人生や社会に生かそうとする「学びに向かう力、人間性等」

改訂前も「生きる力」を育むことが教育の柱になってはいましたが、新しい学習指導要領では、より実社会を意識した内容に変わっています。

その背景にあるのが、ＩＴ化やグローバル化などによる急速な社会変化です。このように変化が激しい社会では、目の前にある課題を解決したり、新しいアイデアを生み出したりといった「考える力」が、知識を得ること以上に必要になります。

また、グローバル化された社会で多様な人たちと共存していくには、相手に伝わる言葉で「表現する力」をつけることが重要だと考えられるようになりました。

新しい教育では、これらの力が身につけられるようにカリキュラムの中身も教科書も一新されています。高校では教科自体と教科名も大きく変わります。たとえば、従来の「国語総合」が「現代の国語」と「言語文化」の2つの教科に分かれたり、「世界史A」と「日本史A」が「歴史総合」という1つの教科になっていたりするのです。

いずれもただ知識を覚えるのではなく、実社会とのつながりを意識しながら考えたり、伝えたりする授業に変わります。また、「総合的な探究」という新しい教科も誕生します。

しかし、いくら教科書や授業の中身を変えたところで、大学入試が変わらなければ、そのための勉強をせざるを得ません。そこで、今回の改革では大学入試の中身も変えることにしたのです。これは今までにない試みです。

2020年度から、「大学入試センター試験」に代わる「大学入学共通テスト」がスタートしました（試験の実施は2021年1月）。従来の知識重視型の入試から、「思考力」「判断力」「表現力」を問う内容に変わったのです。

しかし、当初予定していた英語の4技能（聞く、読む、話す、書く）評価と、国語と数学での記述式入試の導入については、採点の不透明さが指摘され土壇場で中止に。

こうしたことから、「教育改革といっても、実際は何も変わらなかったのでは？」と考えている方は少なくありません。

しかし、詳しくは第1章でお伝えしますが、私は「非常に大きな変化があった」と判断しています。2020年度の入試は、新学習指導要領が導入されていないなかで実施されましたが、それでも従来のセンター試験には見られない形式の問題が出題されました。

2024年度の大学入試は、2022年から高校でスタートする新しい教育を3年間学んできた子どもたちが最初に受けることになります（本書のタイトルにある「2024年」は、便宜上「2024年度」の意味合いで使用しています）。

つまり、新しい教育内容が完全に反映された初めての入試になるということであり、これは教育界における〝大改革〟です。

ところが、これほど大きな教育改革期を迎えているにもかかわらず、世の中ではあまりこのことが話題になっていません。一番の原因は、学校で先生たちが新型コロナウイルス

学習指導要領改訂のスケジュール

文科省「新学習指導要綱について」より作成

新学習指導要綱は、小学校と中学校でそれぞれ2020年、2021年から全面的に（全学年同時に）実施される。一方、高等学校については年次進行（2022年入学生から順次）での実施となる。つまり、2022年入学の高校生が受験する2024年度の大学入試から、この改訂の影響が本格化する。

の感染対策に追われていて、新しい教育にまで手が回らないことです。

学校では、まずは生徒たちを感染させないこと、学びを止めないことが最優先されており、ただでさえ過重労働が問題視されている教師たちの負担は重くなる一方です。そんな状況で、新しい教育が始まるといっても、正直なところ「それどころではない」というのが教師たちの本音でしょう。

また、新しい教科書にはこれからの社会に必要とされる「思考力」「判断力」「表現力」を伸ばすための工夫が見られますが、一方でこれまでと同様に教えるべき知識もあります。そうなると、まずは知識を教えることが優先されてしまい、本来重視すべき力を伸ばすのが後回しになってしまうのではないかという懸念もあります。

では、やはり日本の教育は変わらないのでしょうか？

私立学校で校長を務めたり、カリキュラムマネージャーをしたりして「21世紀型教育」を研究しているという私の仕事柄、学校関係者とお会いする機会が多く、そのときによく聞かれるのが「２０２４年の入試はどう変わるのですか？」「本当に変わるのでしょうか？」という質問です。

明確に答えられればいいのですが、正直なところ私にも見極めきれない部分があります。文部科学省が描いた設計図通りなら２０２４年度の入試は大きく変わるでしょうし、現場の教師たちの混乱ぶりを見ると、絵に描いた餅でしかないようにも思えます。

だからといって、私たちは今回の教育改革について無関心であってはいけません。なぜなら、私たちが暮らす社会は確実に変化しているからです。

「人生１００年時代」といわれる今、長い人生をどのように生きるかが問われています。

この本の読者であるみなさんが子どもだったころは、学歴が非常に重視されていました。よい大学へ入ればよい企業に就職でき、人生の幸せが保証されている時代だったのです。

でも今は、ＡＩの登場で仕事がなくなったり、人間がやるべき仕事の内容が変わってきたりしています。そのようないまだかつて経験したことのない社会では、学歴より「自分は何が好きで、何が得意で、何ができるか」が問われるようになります。つまり、個人の力が求められる時代になるのです。

わが子には幸せな人生を歩んでほしい。親ならみんなそう願っていることでしょう。しかし、親世代が考える幸せの価値観と、今の時代の幸せの価値観は大きく変わっています。お子さんがこれから生きる社会では変化がさらに加速していくため、もはや将来像を想像することすら難しくなっています。

そんな未知の社会で生きるために必要な力を育てるのが新しい教育であり、大学入試改革なのです。わが子の幸せを望むのであれば、まずは親御さん自身が今、日本が目指そうとしている教育の中身を知っておくことが重要です。

本書は、これから新しい教育を受ける小学生・中学生のお子さんを持つ親御さんたちに向けて、これからの教育や大学入試についてお伝えするための参考書です。

18歳の子どもが挑む大学入試には、親はあまり関わることはありません。でも、世の中のさまざまなことに関心を持たせたり、考える習慣を身につけさせたりするのは家庭の役割でもあるのです。

本書がみなさまのお役に立つことを心から願っています。

いま知らないと後悔する
2024年の大学入試改革――目次

第1章 親が知らない令和の大学入試事情

第2章 日本の教育改革は大学入試から始まる

第3章 これからの時代に身につけるべき力とは

第4章 学校は新時代の教育に対応できるのか

第5章

〝やりたいこと〟を見つけられる子の育て方

編集協力　石渡真由美
本文ＤＴＰ　アスラン編集スタジオ

第1章

親が知らない令和の大学入試事情

2020年度の大学入試はどう変わったのか

2020年度から、いよいよ新しい大学入試がスタートしました。30年ぶりとなるこの大改革において、「大学入試センター試験」が「大学入学共通テスト」へと名前を変え、これまでの知識を中心とした入試から、「思考力」「判断力」「表現力」を測る入試へと変わることは決まっていましたが、実際どのような形で実施されるかは、ギリギリまで決まりませんでした。

当初、新しい入試では、英語は4技能が測れる民間試験を活用し、国語や数学では思考力や表現力を測るために記述式問題を導入するとされていました。しかし、英語の民間試験の活用は地域的、経済的な差から不公平が出ると問題視され、記述式問題は採点に民間企業や学生のアルバイトを利用するなど採点の不透明さが浮き彫りになり、2019年末、突如延期されることが発表されてしまいます。

こうした混乱ぶりだけがクローズアップされ、「なーんだ。結局、たいして変わってないんじゃない?」と言われるようになってしまいました。

では、一体何が変わったのでしょうか？ まず、一番わかりやすい変化は、「大学入試センター試験」が「大学入学共通テスト」と名前を変え、実社会を意識した内容にシフトチェンジしたことです。

大学入試改革が行われる背景には、社会の変化があります。パソコンやインターネットの普及によるＩＴ化やグローバル化など、私たちが暮らす社会は30年前とは大きく変わっています。さらに、今はコロナ禍で学校の授業はオンライン授業になり、自宅でリモートワークする人が増えるなど、生活スタイルまでが大きく変わりました。

この事態が2年前に想像できたでしょうか？ このような未知の社会を生きていくには、今ある知識を使って自ら考え、判断し、行動すること、すなわち「思考力」「判断力」「表現力」を鍛えることが大事だと考えられるようになりました。

新しい入試ではこの3つの力を測ることに重点を置いた、実社会に対応した試験内容になっています。これは大きな変化です。

文科省が本気で「高大接続改革」へ踏み出した

また、世間ではあまり話題になっていないので知らない方も多いかと思いますが、他の入試も名前を変えています。

これまで「ＡＯ（アドミッション・オフィス）入試」と呼ばれていた入試を「総合型選抜」に、「指定校推薦」「公募推薦」と呼ばれていた入試を「学校推薦型選抜」に改名し、多様化・複雑化が進んでいた大学入試を「一般選抜」「総合型選抜」「学校推薦型選抜」の３つに整えたことも今回の改革による変化の一つです。

こうしてすべての入試の名称を一新して大学入試がスタートしたわけですが、最も大きな変化は、文部科学省（文科省）が本気で「高大接続改革」へ踏み出したことです。

「高大接続改革」とは、高校・大学入試・大学の３つを一体とした教育改革のこと。文科省は、これからの教育は、「1.知識・技能」「2.思考力・判断力・表現力」「3.主体性を持って多様な人々と協働して学ぶ態度」の３つが大事だと考え、これらを「学力の３要素」と定義しました。グローバル化の進展やＡＩ技術の発達、さらにはこれからの予見困難な時代に、これら3要素がいかに大切かということは多くの人が理解しています。

しかし、大学入試が従来の知識重視型のままでは、結局のところ高校はその対策を取らざるを得ません。そうなると、これまでの教育はいつまで経っても変わらないでしょう。知識だけを身につけて受験を突破し、大学に入れたとしても、「自分はこれを学びたい」という意欲がなければ人は成長しません。

そこで高校・大学入試・大学が一体となって、今の社会に必要な「学力の3要素」を育成し、評価することが重要であると考えるようになったのです。これまでバラバラだった教育現場が方向性を合わせて、これからの社会で生き抜ける人を育てていく。今回の大学入試改革は、その変化の先駆けともいえるものです。

どれで受ける？ 大学入試の3つのスタイル

では、実際に行われている入試について見ていきましょう。前述したように、現在の大学入試には次の3つのスタイルがあります。

①一般選抜（旧一般入試）
②学校推薦型選抜（旧指定校推薦・公募推薦）
③総合型選抜（旧AO入試）

【一般選抜】

一般選抜は、大学入学に必要な学力をペーパーテストで測るおなじみの方式。国公立大学か私立大学かによって、受験制度と受験科目が異なります。

国公立の一般選抜は、一次試験にあたる「大学入学共通テスト（以下、共通テスト）」と、大学が独自に実施する二次試験の2段階になっています。

共通テストはかつて「センター試験（大学入試センター試験）」と呼ばれていました。ただし、2020年度からはその内容が変化しています。共通テストは毎年1月中旬、2日間にわたって行われます。科目数は国語、地理歴史、公民、数学、理科、外国語の6教科30科目（2025年度からは「情報」も追加されます）。

その中から、受験する大学・学部の出願に必要な科目を選択して受験します。一般的に、国公立大学を受験する場合は5〜7科目、私立大学を受験する場合は3科目程度が必要です。私立大学では文系科目と理系科目におおまかに分かれますが、国公立大学は文系でも数学や理科の理系科目を受験する必要があり、オールマイティーな学力が求められます。

共通テストの後、各大学が「二次試験」を実施します。二次試験はマークシート式の共通テストとは異なり、記述式の問題が多く出題されます。どちらの試験も重要ですが、大学や学部によって共通テストと二次試験の配点が異なります。共通テストの配点が大きければ、基礎をしっかり身につけることが重要になりますが、二次試験の配点が大きければ記述式の対策に時間をかける必要があります。

一方、私立大学の一般選抜は大学ごとに試験が実施されます。入試科目は3教科が主流ですが、英語は民間の資格や検定試験のスコアを活用できる大学も増えています。入試は学部・学科ごとに試験日が決まっていますが、試験日が複数設定されていたり、1回の出願・試験で複数の学部を受けられたりします。

個別試験ではなく、共通テストの結果を利用して受験する「共通テスト利用」方式もあります（かつての「センター利用」と呼ばれるものです）。出願に必要な科目さえ受験しておけば、複数の大学に出願できる点がメリットです。

ただし、早慶やＧＭＡＲＣＨ（学習院、明治、青山学院、立教、中央、法政）などの人気私大の場合は高倍率で、かなりの高得点でないと合格できません。

このように、国公立大学でも私立大学でも一般選抜では純粋な学力が問われます。

【学校推薦型選抜】

学校推薦型選抜は、これまで「指定校推薦」や「公募推薦」と呼ばれてきた入試の方式です。２０２０年度入試から、これらをまとめて「学校推薦型選抜」と呼ぶようになりました。学校推薦型選抜は、高校での成績やスポーツの実績、課外活動の実績などの取り組みをもとに受験生の個性や頑張りを評価するもので、「指定校制」と「公募制」の２種類があります。

「指定校制」は、大学が指定した高校の生徒だけに出願資格があります。評価は学業成績が中心となりますが、課外活動の実績などで考慮されることもあります。私立大学の場合、指定校制の枠を使って出願すればほぼ合格は保証されています。ただし、一つの高校で何人までという制限があるため、希望者が多い場合は校内で選考があります。その場合、成績がいい方の人が選ばれる傾向にあります。

「公募制」は、大学が示す基準に達していれば基本的に誰でも受験できます。ただし、指定校制のように必ずしも合格が保証されているわけではありません。

学校推薦型選抜では、一般選抜同様に成績が重視されますが、1回の試験で合否が決まってしまう一般選抜と違い、高校で努力を重ねて勉強を頑張ってきた子が評価されます。まじめにコツコツと頑張れるタイプの子や、本番に弱いタイプの子に向いている方式だといえるでしょう。

【総合型選抜】

総合型選抜は、以前はAO入試と呼ばれていました。AOとはアドミッション・オフィスの略で、各大学の入試選考事務局を指しますが、大学または各学部・学科が提示する「アドミッションポリシー」に合致するかどうかが合否を決めるポイントとなります。選考方法は、活動報告書や志望理由書などの提出書類のほかか、面接や小論文、プレゼンテーショ

3つの選抜方式

	一般選抜 (「一般入試」から改称)	学校推薦型選抜 (「指定校推薦入試」から改称)	総合型選抜 (「AO入試」から改称)
概要	調査書の内容、学力検査、小論文、入学志願者本人が記載する資料の他、エッセイ、面接、ディベート、集団討論、プレゼンテーション、各種大会や顕彰等の記録、総合的な学習の時間などにおける生徒の探究的な学習の成果等に関する資料やその面談等により、入学志願者の能力・意欲・適性等を多面的・総合的に評価・判定する入試方法。	出身高等学校長の推薦に基づき、調査書を主な資料として判定する入試方法。この方法による場合は、以下の点に留意する。 ①「見直しに係る予告」で示した評価方法等(例えば、小論文等、プレゼンテーション、口頭試問、実技、各教科・科目に係るテスト、資格・検定試験の成績等)又は大学入学共通テストのうち少なくともいずれか一つを必ず活用。 ②推薦書の中に、入学志願者本人の学習歴や活動歴を踏まえた学力の3要素に関する評価や、生徒の努力を要する点などその後の指導において特に配慮を要するものがあればその内容について記載を求める。 ③募集人員は、学部等募集単位ごとの入学定員の5割を超えない範囲で定める。	詳細な書類審査と時間をかけた丁寧な面接等を組み合わせることによって、入学志願者の能力・適性や学修に対する意欲、目的意識等を総合的に判定する入試方法。 ①入学志願者本人が記載する活動報告書、大学入学希望理由書及び学修計画書等を積極的に活用。 ②入学志願者の能力・意欲・適性等を多面的・総合的に評価・判定する。なお、高度な専門知識等が必要な職業分野に求められる人材養成を目的とする学部・学科等における選抜では、当該職業分野を目指すことに関する入学志願者の意欲・適性等を特に重視した評価・判定に留意。 ③「見直しに係る予告」で示した評価方法等(例えば、小論文等、プレゼンテーション、口頭試問、実技、各教科・科目に係るテスト、資格・検定試験の成績等)又は大学入学共通テストのうち少なくともいずれか一つを必ず活用。
時期	学力検査を課す場合の試験期日は2月1日～3月25日 結果発表は～3月31日まで	出願期間は11月1日～ 結果発表は12月1日～(一般選抜の試験期日の10日前まで) 学力検査を課す場合の試験期日は2月1日～3月25日	出願期間は9月1日～(令和3年度は15日～) 結果発表は11月1日～ 学力検査を課す場合の試験期日は2月1日～3月25日

出典:文部科学省「大学入学者選抜関連基礎資料集」

ンなどがあります。いずれも「高い学習意欲」と「学びへの明確な目的意識」を見るものです。これらを元に、大学が提示している「アドミッションポリシー」に合致しているかどうかを判断します。

従来のＡＯ入試に学力試験はありませんでしたが、２０２０年度入試からは各大学が実施する評価方法に、大学ごとに行われる学力テストか資格や検定試験の成績、共通テストの結果などのいずれかが必須になりました。つまり、学力をまったく見ないわけではないということです。

このように、２０２０年度の大学入試から3つの選抜が登場しました。

一般選抜は親世代が思い描く大学入試のスタイル

現在、小中学生から高校生のお子さんをお持ちの親御さんといえば、40代の方が多いのではないでしょうか。この世代の大学受験といえば、本番一発で合否が決まる一般入試（現在の一般選抜）が主流。推薦入試もありましたが、それを利用できるのはクラスでも相当優秀な一部の人たちで、その他大勢の人は一般入試だったはずです。

ほとんどの人はこの方式だったので、一般入試という言葉を使うこともあまりなかったように思います。この世代にとっては、大学入試といえばどれだけたくさんの勉強をしてきたかという「学力勝負」のイメージ。ＡＯ入試には少しネガティブな印象があるのではないでしょうか。

しかし、今の大学入試は親御さんの時代とは大きく様相が異なります。現在の大学入試は３つの選抜から成り立っていることはすでに説明しましたが、実は私立大学においては一般選抜で進学する人は全体の約半分にすぎません。

残りの半数は高校での学習成果を重視する「学校推薦型選抜」や、大学での学びに対する意欲や適性を評価する「総合型選抜」で大学に進学しているのです。近年は、国公立大学でも「学校推薦型選抜」や「総合型選抜」の募集枠が増加傾向にあります。

今後は国公立大学でも私立大学でも、これらの選抜方式で大学に進学する人が増えていくと考えられています。特に「総合型選抜」による大学進学は拡大していく傾向です。

大学受験のために努力を重ねて勉強をしてきた親御さんの世代からすると、「今の大学

入学者選抜実施状況の概要
2019年度（2000年度との比較）

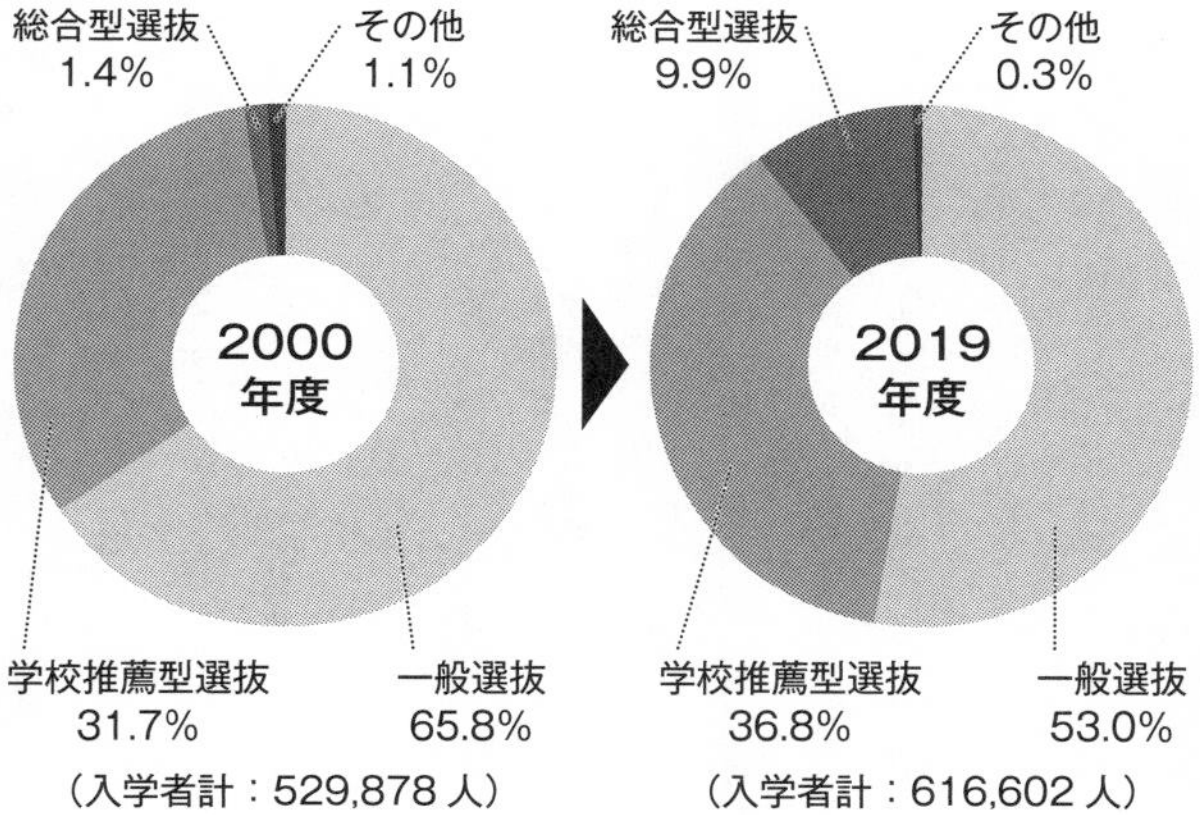

国公私立大別入学者「選抜方式」の割合 2019年度

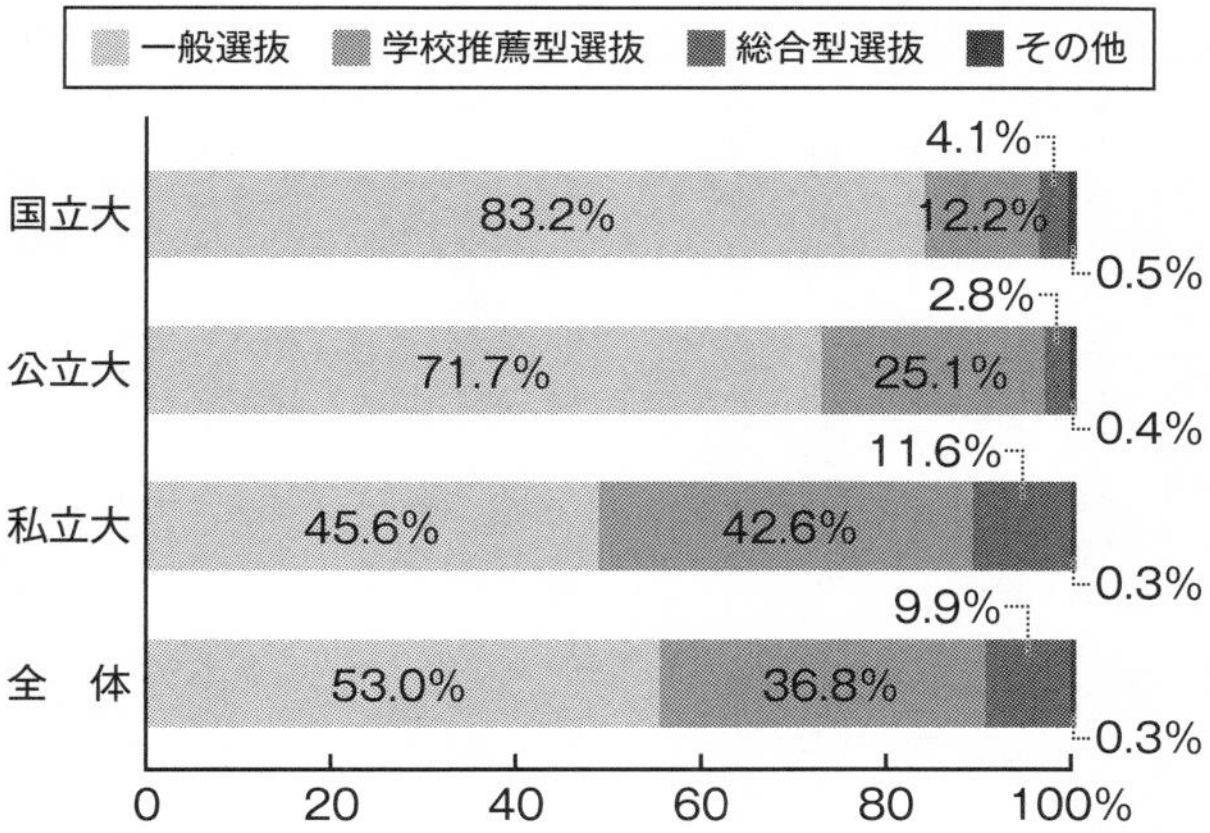

文科省の資料より作成

は、受験勉強をしなくても入れるからラクでいいなぁ」と感じるかもしれません。親御さんの多くは第二次ベビーブームの前後の生まれでしょうから、子どもの数がとても多い時代でした。当時は1クラスに50人くらい子どもがいることも珍しくなかったはずです。当時は日本経済が好調で、人々の暮らしは豊かになり、大学進学率も上がっていました。

この時代の教育は、とにかく受験で勝てるように、知識をたくさん詰め込むことが重視されました。子どもたちは「よりよい高校」、そして「よりよい大学」へと、人より少しでも抜きん出ることが求められました。高学歴であることが、将来の幸せを保証してくれる時代だったからです。

偏差値による輪切り教育の全盛期でもありました。大学がA～Fまでランキングされ、GMARCH（学習院・明治・青山学院・立教・中央・法政）や日東駒専（日本・東洋・駒澤・専修）といった言葉が生まれたのもこのころです。その後、少子化によって大学には入りやすくなりますが、大東亜帝国（大東文化・東海・亜細亜・帝京・国士舘）、成成明学独國武（成蹊・成城・明治学院・獨協・國學院・武蔵）といった呼び方も登場し、偏差値による輪切りグループは今も続いています。

近年はＩＳＭＡＲＴ（ＩＣＵ［国際基督教大学］・上智・明治・青山学院・立教・東京理科）というグループもあります。ＧＭＡＲＣＨや日東駒専という呼び名は知っていても、ＩＳＭＡＲＴは知らなかったという人も多いかもしれませんね。

こうしたグループ分けが存在するのは、昔も今も大学を偏差値帯で選んでいる傾向があるからでしょう。しかし、これからはこうしたグループ分けがなくなっていくかもしれません。これからは偏差値ではなく、「この大学でこれについて学びたい」という明確な意思と意欲が見られるようになるからです。

厳しい大学受験を経験している親御さんたちは、夢をかなえるには「とにかく努力することが大事」だと信じています。そうやって一生懸命に受験勉強をして希望の大学に入り、希望の会社に就職し、幸せをつかんだ人もいるでしょう。

しかし今の子どもたちは、少子高齢化やＩＴ化、グローバル化など、親世代も経験していない未知の世界を生きています。昭和時代のように、「頑張れば夢はかなう」といったわかりやすい幸せのゴールがありません。努力だけでは通用しない時代なのです。

こうしたことから、人よりも1点でも多く点を取って勝ち抜くという「知識を詰め込むだけの入試」は見直されることになりました。それに代わって増えているのが、学ぶ意思と意欲を見る「総合型選抜」です。

「AO入試＝一芸入試」という誤解

総合型選抜の前身であるAO入試を日本で最初に行ったのは慶應義塾大学です。1990年、暗記型の入試が主流だったバブル全盛期に、すでに未来を見すえていたのが慶應義塾大学の総合政策学部と環境情報学部、通称SFC（湘南藤沢キャンパス）です。

新キャンパスの開校と同時に導入されたこのAO入試は、アメリカをはじめとする海外の大学ではごく一般的な方式です。慶應義塾大学は、これからの時代はグローバル化とIT化が加速していくと予測し、世界に通用する人材を育成するには大学入試もグローバル基準にすべきだと考えました。大学での学びも従来の一方通行型ではなく、学生自らが意欲的に学ぶ方式を導入します。

同大学の現在のアドミッションポリシーには、次のように書かれています。

「現代社会が直面するさまざまな問題は、多岐にわたる複数の要因が絡み合い、どの一つをとってみても個別学問の枠組みを大きく超えており、学際的、融合的なアプローチが必要になっています。このような認識のもと、関係する既存の諸学問の成果と知識と技術を体系として新たに再構成し、豊かな発想と広い視野から社会問題をとらえて解決に導く能力を自らで学び取る『問題発見解決型』『創造性開発型』の教育を重視しています」

この考えは、1990年にスタートしたときからさほど変わっていません。こうした大学の考えに共感し、「この大学でこれについて学び、この問題を解決したい」「この知識と技術を活用して何か新しいものを生み出したい」という人が目指す、新しい時代の入試が誕生したのです。これが本来のAO入試の在り方です。

ところが同じころ、別の形のAO入試が登場します。亜細亜大学をはじめとする一芸一能を評価するタイプのAO入試です。「けん玉日本一」になった生徒が合格したことで話題になったのを記憶している人も多いのではないでしょうか。

慶應義塾大学も亜細亜大学も「従来の偏差値重視の入試から脱したい」という思いは共

通していますが、選考の中身は大きく異なります。亜細亜大学がＡＯ入試を始めた本当の理由は、第二次ベビーブームが去って日本の少子化が進んだことで、大学の生き残りを視野に入れ、学力だけでなく、個性を評価した新しいスタイルの入試を導入して学生を確保したかったからです。

その後、同じレベルの大学やそれより下の大学でも、個性を重視したＡＯ入試を導入するようになりました。少子化が進む中、そうやって学生を確保してきたのです。

個性を評価すること自体はいい傾向ですが、高校までの学力は一切関係なく、スポーツや芸能などで入学してきた学生の学力不足が懸念されるようになります。

こうした理由から、「ＡＯ入試は勉強ができない子を救ってくれる入試」「ラクに入れる入試」と、一部で言われるようになってしまいました。特に努力を重ねて一般入試で受験をした親御さん世代にその傾向が見られます。

しかし、それは大きな誤解です。すでにお伝えしているように、本来ＡＯ入試とは、各大学で提示している「アドミッションポリシー」と学生の学びたいことが合致しているかを見極めるもの。つまり、そこには「学ぶ意欲」が不可欠なのです。

スポーツや芸能の力を大学に入ってからどう将来に結びつけ、どう生かしていくかという思いもなく、単に大学に入るための手段と考えてしまっていることが問題なのです。こうした誤解からＡＯ入試が避けられていたのだとしたら、それはとても残念なことです。なぜならＡＯ入試（総合型選抜）こそが、これからの時代にマッチした入試だからです。

なぜ総合型選抜が増えているのか

日本人は改良や改善をすることがとても得意な民族です。戦後、日本の経済が大きく発展したのは、先進諸国にすでにあったモノを模倣しながら機能を加え、より使いやすく、より高性能にしてきたからです。こうした日本の技術は世界で高く評価されてきました。

しかし世界中にモノがあふれている現在、製品自体を生み出すことより、どのようにして世界で認知されるかといった販売環境、すなわちプラットフォームビジネスが重視されるようになってきています。

プラットフォームビジネスとは、他の企業などが提供する製品、サービス、情報と一緒になってはじめて価値を持つ製品やサービスを提供するビジネスをいいます。プラットフォームビジネスの代表的な成功例といえば、アメリカのテクノロジー企業のアマゾンでしょう。インターネットを通じて世界でビジネスを展開しているアマゾンは、多くの企業や個人商店が商品を販売するための「場」を提供しています。

それによって、ユーザーはほしいものをすぐ手に入れられるようになりました。取り扱っている商品は日用品、家電、ファッション、食品など実にさまざま。今ではモノだけでなく、映画や番組のコンテンツサービスなども展開しています。そこから得られる顧客情報を販売施策に活用することで、マーケットはさらに拡大し続けています。

こうした企業の成長の背景にはインターネットの存在があります。インターネットの発達によって、私たちの生活は国の垣根を簡単に越えられるようになりました。このようなＩＴ化、グローバル化が進んだ世の中では、いくら優れた製品を生み出しても、それを全世界に広める新たな発想がなければ、国内消費で終わってしまいます。

日本がこれまで強みとしてきた質の高い製品を生み出す技術は継承してほしいですが、これからのビジネスでは、世界のありとあらゆる人に目を向けた、新しい価値のある商品やサービスを生み出す発想力が必要になります。こうした時代に求められるのが、自ら考え、判断し、発信できる人材です。

欧米で構築されたモデルを模倣しながら、よりよい製品を生み出していたこれまでは、ある意味で「正解ありきの世界」でビジネスを展開していたと言えます。そういう時代には、正しい答えに素早く到達できる偏差値教育がマッチしていたのでしょう。

しかし、これからは「正解のない世界」において、より価値のあるものを生み出すことが求められます。それができるのは、大学に入学するにあたって「自分の興味があることや好きなことを、より深く学びたい」という明確な意志を持っている人物です。総合型選抜とは、そのような人材を輩出するためのものなのです。

文科省が本気を見せた２０２０年度の「共通テスト」

では、これからの大学入試は総合型選抜が主流になっていくのでしょうか？

現状ではまだ総合型選抜の割合は10～15％程度ですが、私は確実にその方向へ向かっていると実感しています。しかし、これまで偏差値教育が長年行われてきた日本では、明確に変わったと実感するにはまだまだ時間がかかるでしょう。

しかし、国も従来の知識重視型の入試ではこれから立ち行かなくなるという危機感を持っていました。それを行動に移したのが第2次安倍内閣です。経済界とのつながりが深かった安倍内閣は、IT化やグローバル化の遅れによる日本経済の低下は、従来の知識重視型の教育にあると考えます。「強い日本」を取り戻すには「教育の再生」が「経済の再生」と並んで重要課題であるとしました。こうして始まったのが学習指導要領の改訂であり、今回の大学入試改革です。

未知の社会で新たな価値を生み出す人材を育成する。この教育方針に最もマッチしている入試は、総合型選抜だと思われます。しかし、総合型選抜を選択するには高校生の段階で、「自分はこれを学びたい」という明確な意思が必要です。その意思がある人には向いていますが、そういうものがまだ見つかっていなかったり、漠然としていたりする人は、これまで通り、学力勝負の一般選抜を選択することになるでしょう。

しかし、これまでのような知識を重視した入試を行っていれば、その対策となる勉強をせざるを得ません。実社会で働くみなさんも感じているでしょうが、知識を詰め込むだけの勉強で大学に合格したとしても、その知識はそれからの人生であまり役に立ちません。

誤解しないでいただきたいのですが、知識を習得することが悪いと言いたいわけではありません。知識を得ることはもちろん大切です。しかし、インターネットの発達で知識の価値は限りなく低下してしまいました。これからの子どもたちに求められるのは、知識の量ではありません。新しい事柄や課題に直面したとき、知識を用いて自分なりの考えや解決策を提示し、それをやり抜く力を身につけることです。

こうした新しい時代に必要な学力を測るために、２０２０年度から「共通テスト」がスタートしました。

共通テストの中身については数年前から話題にはなっていましたが、英語民間試験の活用、国語や数学の記述式問題が見送られたため、「結局、たいして変わらないのでは？」というのが学校や塾の見方でした。しかし、２０２０年度の入試問題を見ると、わずかながらも、確実に変わったことが感じられます。

ざっくり感想を述べるとすれば、どの教科においても「実社会」を意識した内容になっています。私はそれを見て、「いよいよ文科省も本気を見せたな」と思いました。

では具体的な変化について、英語と国語を例に解説していきましょう。

［英語］SNSの会話など日常生活からの出題が増加

今回の共通テストで、特に変化が見られた教科といえば英語でしょう。当初の入試改革では、従来の「読む・聞く技能」に加えて、英検などの民間試験を導入して「話す・書く技能」の測定を行うとされてきましたが、土壇場で見送られたのは先述した通りです。

この方向性自体は間違っていないと思います。日本では小学5年生から英語に触れ、中高の6年間、さらには大学まで多くの時間を使って英語を学びます。

ところが、それだけ多くの時間を費やしているにもかかわらず、外国人と英語でコミュニケーションをとったり、英文でメールを打ったりするのにもひと苦労するなど、実用的な英語力の乏しさが問題視されていました。

それでも、これまではなんとかやりすごすことができたでしょうが、これからは国内にもたくさんの外国人旅行者や労働者がいて、英語を話す機会が増えることが予想されます。また、海外のサイトを見たりSNSで海外の人とつながったりと、日常生活で英語を使う機会はますます多くなっているのです。

共通テストには、こうした時代背景を意識した問題が多く登場しています。まず驚いたのが、第1問からスマートフォンによるメールのやりとりが取り入れられていること。これには、センター試験にはなかった新しさを感じました。その他にも、ファンクラブの案内やレビューサイト、ブログなど、日常生活に関連した英語素材が多く使われていたのが大きな特徴です。

YouTubeなどの動画サイトによって、今は日本のアーティストだけでなく、世界のアーティストの歌やパフォーマンスをリアルタイムで見ることができ、以前より世界が身近に感じられます。

また、今では海外の企業サイトからモノを購入するためのハードルはかなり低くなりました。しかし、そうしたサイトは英語表記しかない場合も多く、そんなときに英語がわからなければ買うことをあきらめたり、内容をよく理解できないまま購入してトラブルに発展したりすることがあります。長年学習した英語が、本当の意味で身についていないのです。

発音や単語などの単純な語彙問題は消滅

第2問のバンドコンテストに関する問題は、各バンドの演奏に対する審査員3人の評価を比較したり、事実と意見を区別して内容に合う記述を選んだりするものでした。

事実と意見を区別することを、「ファクトorオピニオン」と言いますが、アメリカなどでは中学生くらいからかなり徹底して学習しています。それはなぜでしょう？

インターネットとスマートフォンの普及でさまざまな情報があふれている昨今、正しい情報とそうでない情報を見極めることは非常に大切なスキルです。その訓練に必要なのが、事実と意見を自分で区別できること。共通テストでその要素を取り入れたということは、グローバル社会に対応できる人を育成するという意思が込められているのです。

さらに第4問では、姉妹校の生徒をもてなすためのやりとりについてのメールが題材になっています。一方には図表があり、それを見ながら情報を整理し、それらをもとに最適なスケジュールを考えて解答するという問題でした。

このような複数の素材から情報を読み取る問題は、英語だけでなくほかの教科でも見ら

2021年共通テスト、英語入試の第1問

英　語（リーディング）

各大問の英文や図表を読み，解答番号 1 ～ 47 にあてはまるものとして最も適当な選択肢を選びなさい。

第1問（配点　10）

A　Your dormitory roommate Julie has sent a text message to your mobile phone with a request.

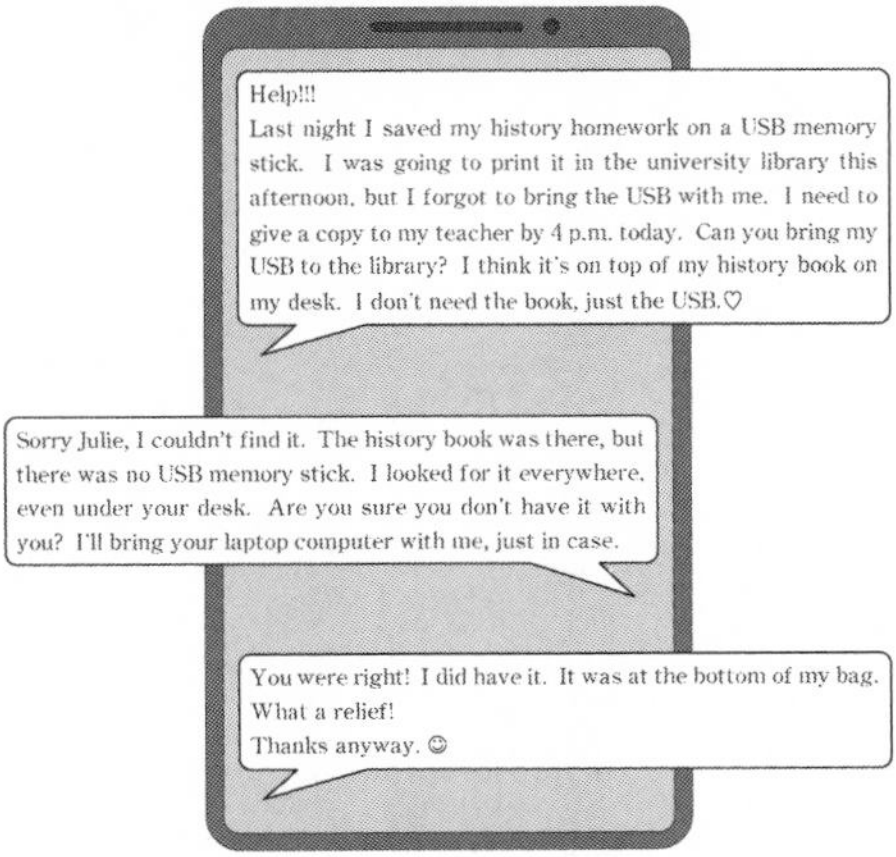

— 4 —　　(2610—4)

共通テストでは、センター試験で必ず出ていた単語の発音やアクセントの問題が姿を消した。代わりにSNS上のやり取りを題材にするなど、実社会に対応した内容になっている。

れました。第2問、第4問に共通しているのは、情報の読み取りや整理の必要性です。

一方、発音や単語、熟語を書かせるといった従来の語彙問題は、今回の共通テストから出題されなくなりました。発音と関連するリスニングの問題でも、以前のセンター試験では北米系のナレーター（話者）のみでしたが、共通テストでは英国系や日本人のナレーターも登場しています。これは、英語はあくまで「世界共通のコミュニケーションツール」であって、正しい発音にこだわりすぎる必要がないことを伝えているのです。

語彙問題がなくなったとはいえ、素材文の語数は昨年のセンター試験より約1400語増えています。ただし、特別に難しい単語は出されておらず、一般的でない単語も前後の文脈から推測できるものになっています。こうしたことからも、ある程度まとまった文章を読み解く力が求められていることがわかります。

【国語】「メタ認知」を意識した問題が増加

同じことは国語でも言えます。問題構成が「評論」「物語」「古文」「漢文」の4つで成り立っているのは従来通りですが、評論では香川雅信の『江戸の妖怪革命』を題材にしながら設問で芥川龍之介の『歯車』を扱い、物語文では加能作次郎の『羽織と時計』を題材に、設問で宮島新三郎の「師走文壇の一瞥」を登場させるなど、物語と評論の二つの文章を比べながら、考えて答えを見つけるという問題が出題されました。

これは、センター試験では見られなかった新傾向です。こうした問題を出題した意図として、文章を正しく読み取る力を測るのはもちろんのこと、文章を一つの角度からだけでなく、俯瞰して読むことのできる力を要求しています。従来の国語のテストでは、物語であれ評論であれ、設問に合わせてロジカルに読めば正しい答えを出すことができました。共通テストは記述式ではないので必ず一つの答えが出るようになっていますが、物事を多方面から見なければならないように問題が工夫されています。

それで何を見ているのかといえば、メタ認知です。

メタ認知とは、「自分が認知していることを、より俯瞰的・客観的に認知していること」。英語では「クリティカルシンキング」と言われていることから、「批判的に考えること」と思っている方は少なくありませんが、本来の意味は少し違います。

たとえば、ある常識があったとします。あなたはそれが正しいことだと思っていましたが、別のところではそれが常識ではないことを知ります。こうした状況で必要になるのが、二つを見比べて違いを見つけ、そのうえで自分はどうかを考え判断することです。

メタ認知が高い人は、自分で自分のことを客観的に見ることができるので、自分が今置かれている状況を振り返ったり、評価したりすることができます。こうした力を持っていると、目の前のさまざまな問題を解決できるようになります。

今回の共通テストでは、このメタ認知を意識した問題が出題されました。先に挙げたような二つの文章を読み合わせて考える問題は、「見比べる」ことでメタ認知ができるかどうかを測っているのです。

本来は、そこから自分の考えをどう伝えるかということも見ていきたいのですが、それには記述式による解答が必要になります。記述式は採点の不透明さから現状の共通テストでは実施されませんが、このような何かと何かを見比べるという視点は、情報が氾濫する今の時代には不可欠です。

共通テストのページ数がセンター試験より多くなった理由

2020年度の共通テストを振り返って全体的に言えるのは、情報を読み取る問題が増えたということです。英語でも国語でも、一つの文章からではなく複数の文章を読み取ったうえで、どのようなことが考えられるかといった問題が多く見られました。

また情報は文章だけでなく、グラフや表、写真などが使われることもありました。そのため、各教科の問題のページ数が多くなっています。

たとえば、英語のリーディングは、素材文が長くなったことや資料の増加により、前年のセンター試験より6ページ増加しています。数学に関しては、試験時間が10分長い70分になったこともあり16ページも増えました。

問題文が長くなると難しくなったという印象を受けますが、極端に難しい知識を扱う問題は出されていません。その代わり、その場で文章を素早く読み取り、グラフなどの資料と照らし合わせながら考え、答えを導く力が求められました。「思考力」「判断力」「表現力」を測る問題です。

「知識や情報を活用して考える力」は文科省が新学習指導要領で提唱しているもので、学校で学ぶことと大学入試の内容を合致させようとする意図が見てとれます。これは大きな変化です。

変化は公立高校入試にも起きていた

学習指導要領とは、全国どの地域でも一定水準の教育が受けられるようにするために、文科省が各学校で教育カリキュラムを編成する際の基準を定めたものです。

それは、国が求めている教育方針でもあります。ＩＴ化やグローバル化が進み、教育内容を変えていく必要があること、それには大学入試も変えるべきであることは先にお伝えしました。しかし、高校での学びや大学入試の中身を変えるだけでは、それらの力は身につきません。その土台を固めるのに必要なのが小学校・中学校での学びです。これらが一貫して、はじめてこれからの時代に必要な力がつくのです。

新しい学習指導要領は小学校で２０２０年から、中学校で２０２１年からスタートしました。高校では２０２２年からスタートし、すべてが整った２０２４年度の大学入試から大きく変わると言われています。２０２０年度入試は移行のためのリハーサルというイメージですが、それでも確実に変化しています。

同じことは、高校受験でも見られました。都立高校の社会の問題で、第1問の題材となったのは国土地理院発行、2万5千分の1の埼玉県川越市の地図。同市の中心部にある城下町の痕跡を示した写真入りの資料も提示され、これらを見ながら地図上の場所を答えるという問題です。実は、これと同じような問題が共通テストの社会で出題されています。

地図と写真を元に、そこからわかることを見つけていく。イメージとしては『ブラタモリ』です。実は2020年度の共通テスト地理Bでは、『ブラタモリ』で紹介された「天《あまの》橋立《はしだて》（京都府）」が登場したのです。

天橋立は日本三景の一つですが、それを4地点から撮影した写真のうち北側からのものを選ぶという問題が出題されました。その共通テストが実施された同じ月の9日、『ブラタモリ』で北側から見た天橋立のエピソードが取り上げられたのです。

受験生のツイッターには、「ブラタモリに感謝！」「ブラタモリ神！」といったコメントが多数上がっていました。

社会のテストといえば、これまでは一問一答形式の知識を問うものが主流でした。ところが最近そのような問題はほとんど出されず、先に紹介した問題のように、与えられた情

Ⅱ

城下町の痕跡を探そう

調 査 日　令和２年10月３日（土）　　集合時刻　午前９時

集合場所　駅前交番前

移動距離《きょり》　約4.1km

痕跡１　城に由来するものが，現在の町名に残っている。
郭町《くるわまち》　城の周囲にめぐらした郭に由来する。　大手町《おおてまち》　川越城の西大手門に由来する。

痕跡２　城下に「時」を告げてきた鐘つき堂

地形図上では，「高塔」の地図記号で示されている。

痕跡３　見通しを悪くし，敵が城に侵入《しんにゅう》しづらくなるようにした鍵型《かぎがた》の道路

通行しやすくするために，鍵型の道路は直線的に結ばれている。

（↓は写真を撮った向きを示す。）

〔問２〕　次の文章で述べている我が国の歴史的文化財は，下のア～エのうちのどれか。

平安時代中期の貴族によって建立《こんりゅう》された，阿弥陀如来坐像《あみだにょらいざぞう》を安置する阿弥陀堂であり，極楽浄土《ごくらくじょうど》の世界を表現している。1994年に世界遺産に登録された。

ア　法隆寺《ほうりゅうじ》　　イ　金閣　　ウ　平等院鳳凰堂《びょうどういんほうおうどう》　　エ　東大寺

〔問３〕　次の文章で述べている人物は，下のア～エのうちのどれか。

この人物は，江戸《えど》を中心として町人文化が発展する中で，波間から富士山を垣間見《かいまみ》る構図の作品に代表される「富嶽三十六景《ふがくさんじゅうろっけい》」などの風景画の作品を残した。大胆《だいたん》な構図や色彩《しきさい》はヨーロッパの印象派の画家に影響を与えた。

ア　雪舟　　イ　葛飾北斎《かつしかほくさい》　　ウ　菱川師宣《ひしかわもろのぶ》　　エ　狩野永徳《かのうえいとく》

〔問４〕　次の条文がある法律の名称《めいしょう》は，下のア～エのうちのどれか。

○労働条件は，労働者と使用者が，対等の立場において決定すべきものである。
○使用者は，労働者に，休憩《きゅうけい》時間を除き一週間について四十時間を超えて，労働させてはならない。

ア　男女共同参画社会基本法　　イ　労働組合法　　ウ　男女雇用機会均等法《だんじょこようきかいきんとうほう》　　エ　労働基準法

2020年度都立高校入試問題、社会の大問1

1　次の各問に答えよ。

〔問1〕　次のⅠの地形図は，2006年と2008年の「国土地理院発行2万5千分の1地形図（川越《かわごえ》南部・川越北部）」の一部を拡大して作成したものである。次のページのⅡの図は，埼玉《さいたま》県川越市中心部の地域調査で確認《かくにん》できる城下町の痕跡を示したものである。Ⅰのア～エの経路は，地域調査で地形図上に●で示した地点を起点に矢印（➡）の方向に移動した様子を──で示したものである。Ⅱの図で示された痕跡を確認することができる経路に当てはまるのは，Ⅰのア～エのうちではどれか。

Ⅰ

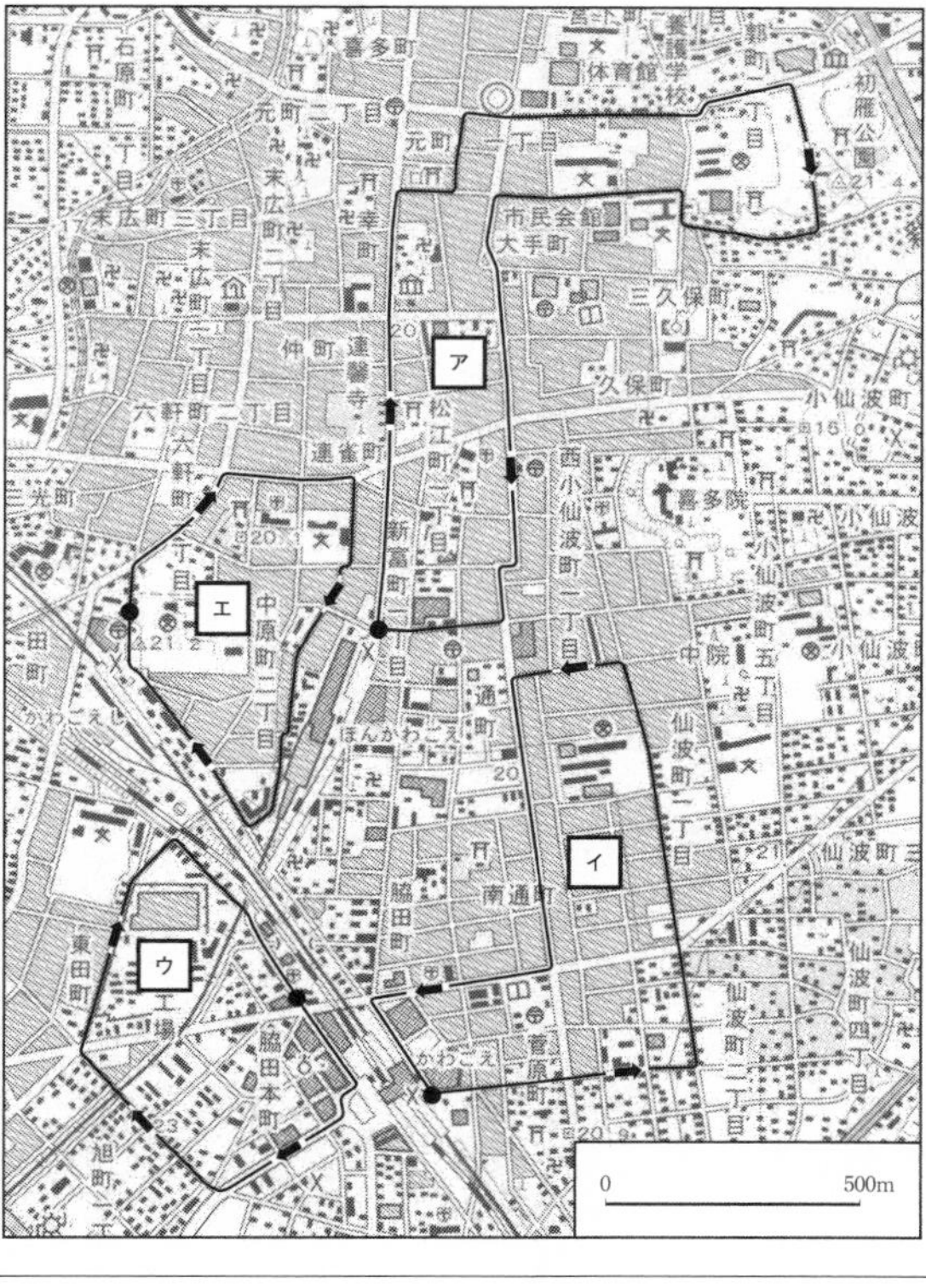

報を処理して読み解くというスタイルに変わっています。これは共通テスト全体に言えることですが、公立高校の入試でもその傾向が見られるようになったのです。

高校入試や共通テストの社会のテストで『ブラタモリ』のような問題が出題された背景には、学校での学びを実社会に生かしてほしいという思いが込められているように感じます。入試問題の変化は大学だけでなく高校にも及んでいるのです。

なぜ早稲田の政経は社会を共通テストに変えたのか

2020年度の大学入試では、私立大学にも変化が見られました。なかでも話題になったのが早稲田大学政治経済学部の入試改革です。早稲田の政経といえば、同大学でも抜群の人気と難易度の高さで知られています。

なかでも歴史の試験では膨大な知識が要求されていました。大学受験の歴史のバイブルといえば「山川の一問一答」と答える方は多いと思いますが、それを隅から隅まで読んでも見逃してしまうような細かい知識を問う、受験生泣かせの試験内容だったのです。

ところが、その社会の入試を独自問題から共通テストへと変更したのです。これは関係者のみならず受験生やその親御さんにとっても大きな驚きでした。

変更点はほかにもあります。これまでは大学独自の問題のみで、外国語（90点）・国語（70点）・地理歴史または数学（70点）の計230点満点という構成でした。外国語と国語が必須で、地理、歴史または数学を選択する合計3科目の入試です。

それが2021年度入試から、共通テストが100点満点・大学独自試験が100点満点という計200点満点に変わったのです。共通テストは外国語・国語・数学（数学Ⅰ、数学A）・選択科目（地理歴史・公民、数学Ⅱ・B、理科のいずれか一つを選択）の4科目と、これまでより1科目増えています。

また、大学独自の入試は「総合問題」と呼ばれ、国語と英語による長文を読み解いて解答する問題です（記述解答もあり）。

なぜこのような大きな変化があったのでしょうか？

社会については、これまでは大学受験に特化した知識問題を出題していましたが、今やこうした知識はスマートフォン一つで簡単に調べられます。大量の知識を頭に叩き込むことに時間を割くより、世の中のさまざまなことに幅広く関心を持つことの方が重要です。

また、学んだことが実社会でも生きてくるような入試内容が必要だと考えたのでしょう。共通テストがそのような内容に変わっているので、今年から独自問題ではなくそれを利用することにしたのです。

選択科目だった数学は今回から必須科目になりました。理系科目が苦手な人は数学を避けることができましたが、実際の高度な経済学は数字を多用しており、政治学でも統計・数理分析など数学の知識が求められます。

また、これからの日本の教育は文系・理系で分けるのではなく、教科を横断する形の学びに変わっていくことが予想されます。それをいち早く取り入れたのが早稲田の政経だったのです。私大の最高峰といわれる学部の入試改革は、今後、他の私立大学にも影響を与えるでしょう。今回の大学入試改革では、国公立大学だけでなく私立大学にも大きな変化があったのです。

さらに上をいく慶應大学の不条理問題

今回の大学入試改革で評価のポイントになった「思考力」「判断力」「表現力」。全国約

50万人が受験する共通テストでは採点の面で記述式問題は見送られたものの、今後もそれらの力を身につけるのが重要なことに変わりはありません。

共通テストで実現できなかった記述式は、国公立大学の二次試験や私立大学入試で実施されました。センター試験は基礎問題が中心だったように、共通テストは文章の読み取りや情報整理、情報の比較といった現在の社会に必要な基礎力を測るものだと感じます。

それを発展させたのが、手に入れた情報をもとに自分の考えを記述する国公立大学の二次試験や難関私立大学の入試です。なかでも群を抜いて素晴らしい問題だったのが、慶應義塾大学ＳＦＣ環境情報学部の入試でした。

前述したように、世の中が偏差値全盛だった90年代に未来を見すえて新しい入試を始めた慶應義塾大学は、やはり今も一歩先をいく存在であることを感じさせました。

その問題がこちらです。

> 慶應義塾大学ＳＦＣ環境情報学部では、残すに値する未来を一緒に創造できる人を求めています。

私たちが生きるこの世の中では、たくさんのことが目まぐるしく変化しています。私たち一人ひとりは、望む、望まないにかかわらず、目まぐるしく変化するこの世の中で、生きていくことになります。

この世の中には、不条理なことがたくさんありますが、それら臭いものに蓋をしても、隠し通すことができません。近い未来、私たちが生きているうちに、必ずそれらの不条理と向かい合う日がやってきます。

腰がひけたまま、他人事のように未来をただ待つのではなく、私たち一人ひとりが、どうすればそれらの不条理を解決し、残すに値する未来を創造できるのかを考え、できることから仕掛けていくことが大切です。

以上のことを理解したうえで、次の問1〜3に答えてください。

このような文章から始まって、最初に登場するのが数学の問題です。まず、この意表をついた展開に驚かされます。問題の冒頭には、「不条理を解決する第一歩は、論理的にあり得ない問題を発見し、定量的な観点から、合理的な答えを導き出すことです」と書かれていて、その後に論理的に正しいかどうかを判断する問題が出題されています。

数学の問題自体はそれほど難しくはありませんが、世の中の不条理について考えさせる問題で、まず数学の問題を出してくるところがユニークです。数学の基礎知識を測るという目的もあるのでしょうが、「定量的な観点から、合理的な答えを導き出す」には、教科の枠にとらわれない教科横断型の学びが大切であると伝えているように感じました。

以下が次の問題です。

問2. あなたがこの世の中で不条理だと感じることを15個挙げてください。また、なぜそれらを不条理だと感じるのか、個々の不条理の内容と理由をそれぞれ簡潔に1文で記述してください。
なお、不条理は、個人的かつ情緒的な内容（例えば、夜起きていたいのに眠くなる、○○を見ると、カッとする、など）ではなく、下記の課題ジャンル(a)~(c)のいずれか、もしくは、複数に関わる内容を記述してください。

課題ジャンル
(a) 人間の習慣に関すること
(b) 社会のしくみやルールに関すること
(c) 人間と環境の関係に関すること

数学とは打って変わって、自分の考えを記述する問題になっています。課題ジャンルが指定されているものの、15個挙げるのはそれなりに大変です。日ごろから世の中に関心を持っているかどうか、それについて自分で考え、自分なりの意見を持っているかどうかが問われます。まさに文科省が新学習指導要領で提唱している「思考力」「判断力」「表現力」を求める問題だといえます。

左が解答例の一部です。限られた時間内に、これだけのことを書き出す力が求められています。

さらに、問3では次のような問題が出題されています。

2021年慶應義塾大学環境情報学部、小論文問2の解答例

1 内容	日本では競輪、競馬、競艇等の公営ギャンブルが盛んに行われている。
理由	合理的経済計算ができずギャンブル依存症に陥った人々を搾取し、困窮者を作り出しながら、公益事業が行われるという矛盾した状況がある。
2 内容	公的な場では、男性は化粧していてはならず、女性は化粧していなければならないという慣習。
理由	外観に関して両性に課せられるコードによって、個性や創造性が抑圧されたり、性的少数者に対する差別が行われたりする。
3 内容	社会に関心を持てと言われるが、学生が政府等に対し抗議活動を行うと、偏見の目で見られ、学生の政治活動が制限される。
理由	社会や政治に対する関心が失われると同時に、実践から学び、成長する機会が失われる。
4 内容	戸建ての需要は堅調なのに、空き家が増加している。
理由	情報が共有されないために需要と供給が一致せず、空き家が増加することで地域の環境が悪化する。
5 内容	学歴社会において、地方出身者や貧困家庭の出身者は大学進学上不利な立場に置かれることがある。
理由	学歴社会とは本来、出自によらず能力に応じて社会的地位が決まるということだが、実際には出自が学歴をある程度決定してしまう。
6 内容	公的保育施設の入園を認められる順位について、非正規雇用者は優先順位が低くなる。
理由	一人で子育てしながら働かなくてはならないシングルマザーが働けず、さらに生活が困窮する怖れがある。
7 内容	年月日を書類に記載する際、元号での記載が求められること。
理由	海外とやりとりする場合、西暦⇔元号の変換が必要になって作業が煩雑化するし、複数の元号に渡る期間の計算が複雑で面倒である。
8 内容	交通系 IC カードのチャージ金額が不足していても、バスや買い物をする店舗ではオートチャージされない。
理由	日常の行動圏にチャージ可能な場所がない人が、交通手段としてバスを利用する場合、その場でチャージしなければならず、不便である。
9 内容	人間は、その知力を尽くして開発した技術を戦争という大量殺戮に使用する。
理由	戦争による殺し合いは望ましいことではないと多くの人が考えているのに戦争も兵器開発競争もやめることをしない。
10 内容	会社や学校に行くためには通勤通学ラッシュ時の大混雑に耐えなければならない。
理由	必ずしも会社や学校に行かなくてもできることを嫌な思いをしてわざわざ会社や学校でやっていることがあるのは合理的ではない。
11 内容	山林にソーラーパネルを設置するメガソーラー発電が、エコな発電の仕組みとして評価されている。
理由	カーボンシンクである森林の伐採は、温暖化対策として逆効果であるし、不適切な立地へのパネル設置は土砂崩れ等の災害リスクを増大させる。
12 内容	二酸化炭素排出削減策としての画一的な EV 推進政策。
理由	EV は走行中に CO_2 を排出することはないが、製造工程やインフラ整備、発電では CO_2 を排出し、LCA では CO_2 排出削減効果は限定的である。
13 内容	廃プラ排出量削減に効果があるのか疑問であるレジ袋有料化。
理由	本来はレジ袋のみならず、大量のプラスチック製品による包装を前提として成立している流通が問題とされるべきなのに、放置されている。

©河合塾

問3．問2であなたが回答した不条理のうち3つを取り上げ、その解決の方向性と方法（※）について、解決のカギとなる技術革新・アイデアを含め、できるだけ具体的、定量的、かつヴィジュアルに説明してください。

（※）例えば、カップラーメンを食べる場合、麺を食べられるようにほぐすというのが解決の方向性、お湯をかけて待つ、もしくは、水を入れて電子レンジにかける、というのが解決の方法の例です。

問3は、自分が不条理と感じていることから3つを選び、その解決の方向性と方法をヴィジュアル入りで説明するというものです。問題の発見から解決まで、一連の流れを見ようとする入試です。これこそ、文科省が掲げた「生きる力」を身につける教育のゴールだと言えるのではないでしょうか。

大学入試改革のスタート年である2020年度入試において、共通テストの平均点が前年のセンター試験の平均点とさほど変わらなかったことから、「結局、たいした変化はなかったのでは？」と思われがちです。

しかし、ここまで説明した通り、共通テストにおいても、私立大学の入試においても確実に変化が見られました。とはいえ、この変化が社会に波及するには、まだ少し時間が必要かもしれません。教育を改革するのは非常に難しいことだからです。

次章では、学校教育と社会の関係について考えていきます。

問２の解答例１－８に対応

8	b

バスや店舗などで残高不足が発生した際にオートチャージされるようにする。
　そのためにバス内で Wi-Fi 接続でオートチャージを可能にしたり、IC カード決済が可能な店舗でチャージ可能な機器を導入する。

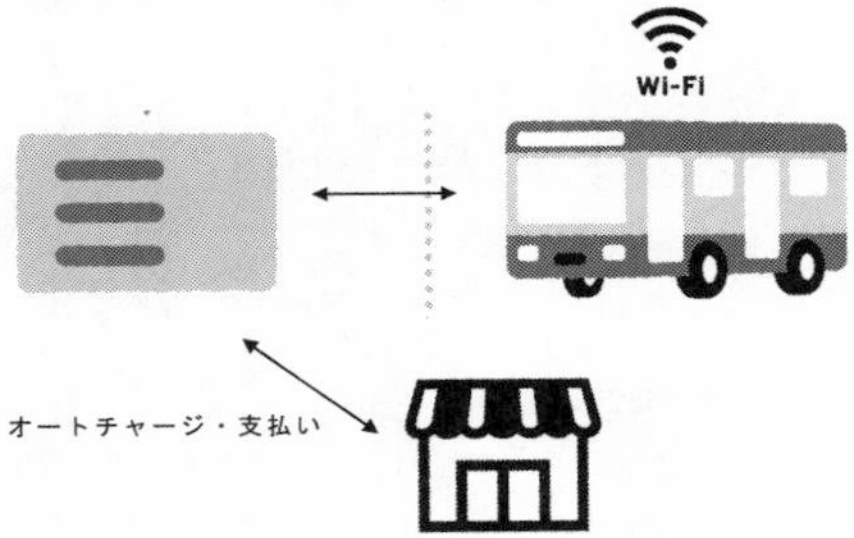

問２の解答例１－１３に対応

13	a, b, c

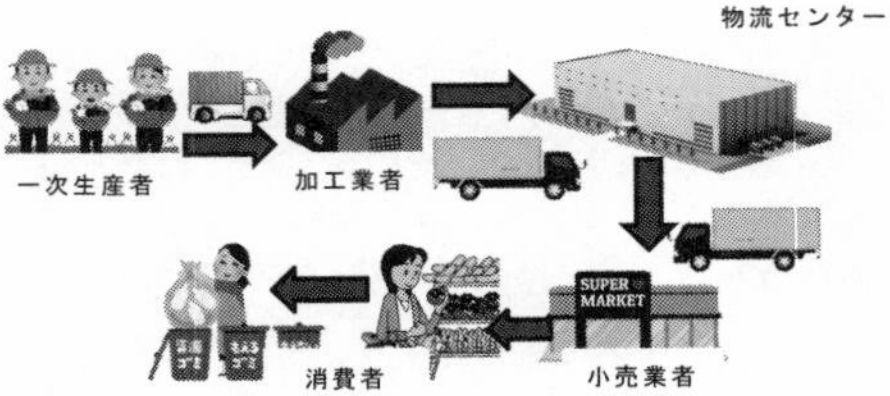

▸一次生産者から消費者までの加工・流通のプロセスで、包装用にプラスチック・ビニル製品がどのように使われているかを精査し、可能な限りその量を減らす方法を考案する。
▸生鮮食料品や飲料のパッケージを可能な限り減らすために、生産者・流通業者・小売業者はそれらを小分けせず、消費者が再生可能な紙容器等を小売業者に持ち込んで購買するシステムを構築する。
▸生分解性プラスチック容器も利用する。

©河合塾

2021年慶應義塾大学環境情報学部、小論文問3の解答例

問２の解答例１－４に対応

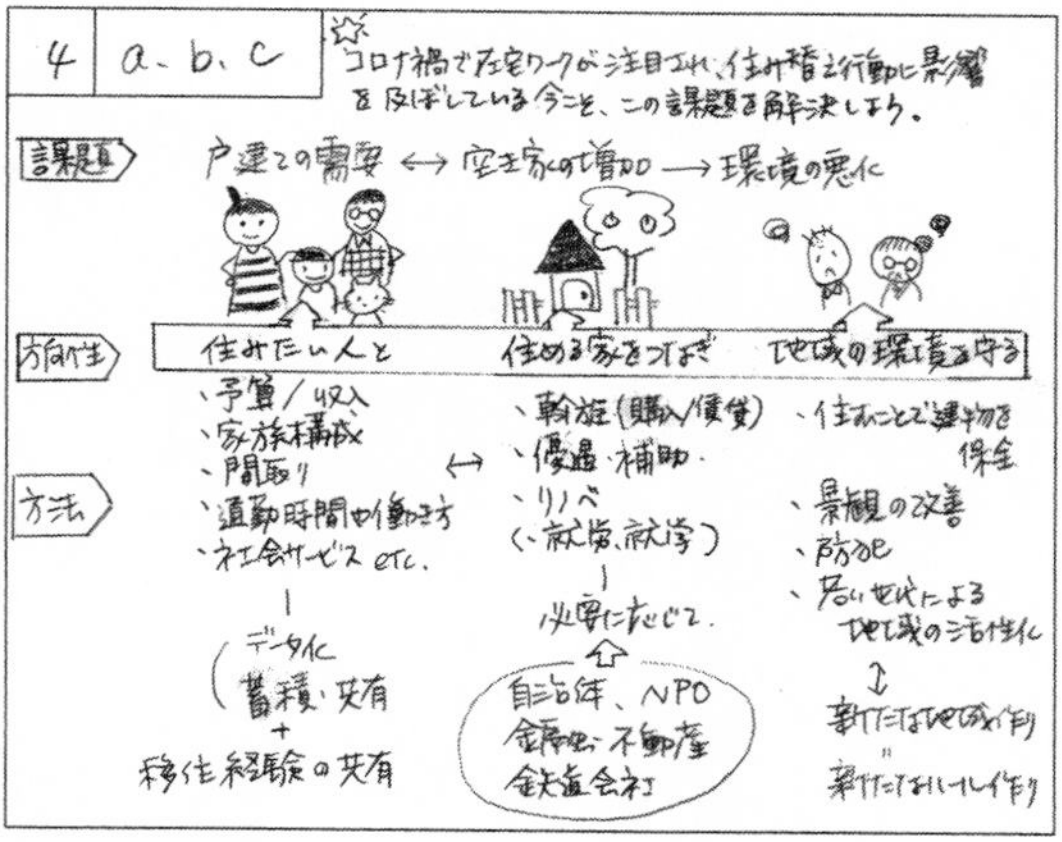

問２の解答例１－５に対応

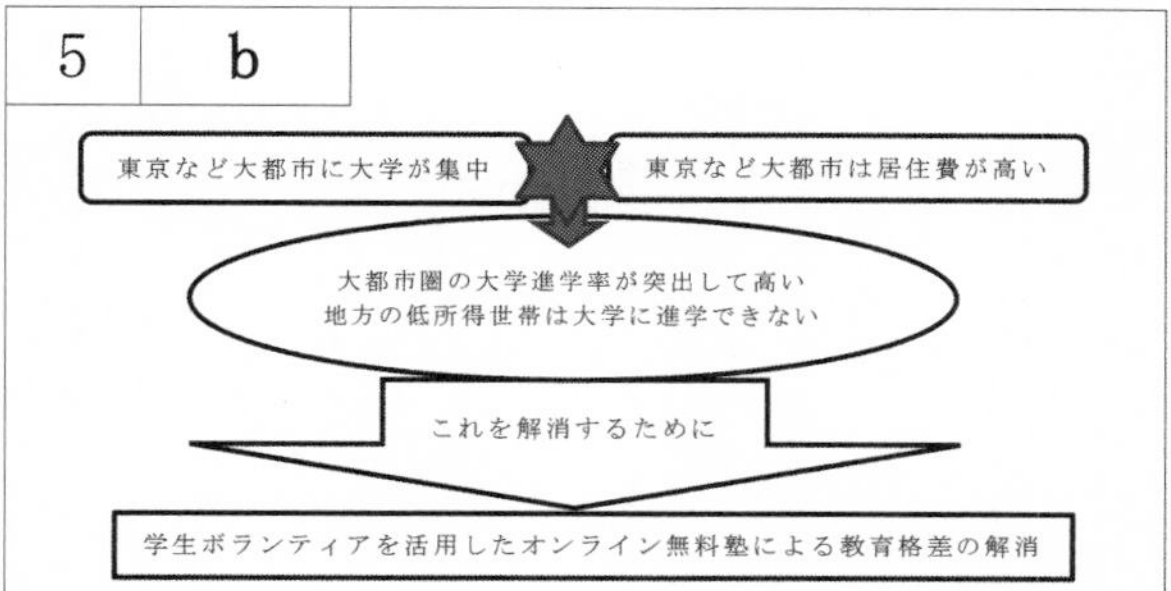

【方法】

- 東京など大都市で高齢化により空き家になっている住宅を、学生ボランティアに安い家賃で貸し出し
- 大都市の学生ボランティアに「担任制」で地方在住の中高生の補習授業
- 学生ボランティアは、中学・高等学校の担任教師のアシスタントという位置づけ

第2章

日本の教育改革は大学入試から始まる

「頑張れば報われる」を信じていた昭和世代

２０２０年度の大学入試について解説した第１章を読んで、自分たちの時代とは大きく変わっていることを実感された方も多いのではないでしょうか。

今、小中学生のお子さんをお持ちの40代、50代の方々は、非常に厳しい大学受験をくぐり抜けてきたことと思います。現役で入れれば万々歳、一浪は当たり前、二浪もアリといった感じだったので、たくさんの人が予備校に通っていました。

２０１４年、大手予備校の代々木ゼミナールが校舎の７割を閉鎖し、センターリサーチ（受験生から提出されたセンター試験の自己採点の結果と志望校をもとに行う分析）や多くの模擬試験の廃止を公表したことが話題になりました。「まさか、あの代ゼミが⁉」と驚いた方は少なくなかったでしょう。

１９９０年代は子どもの数が多いうえに、よい大学へ進学すればよい企業に就職できた「学歴信仰」の時代でした。もちろん、今も学歴を重視する人はいますが、あのときは〝誰もが〟そう信じていました。だから、浪人をしてでも上を目指したのです。そうできたのは、「頑張れば報われる」という明確なゴールがあったからです。

日本経済が右肩上がりだった昭和から平成のはじめまでは、トップが立てた経営戦略や経営目標を指示通りに実行できる人が、「いい人材」だとされていました。当時、就職で最重視されていたのが「学歴」です。

受験生の数が膨大だったあの時代の大学受験は、現在の総合型選抜のように本人の意欲を見るものではなく、ふるい落とすことを目的に、どれだけ多くの知識を持っているかを見るための入試でした。人より多くのことを覚え、素早く解く訓練をする、いわゆる「知識詰め込み教育」の全盛期だったのです。

当時、厳しい受験戦争を勝ち抜き難関大学に進学できた人というのは、たくさんの知識を要領よく覚え、素早く答えを出す訓練を積み重ねてきた人。すなわち、企業が求める「指示通りに動ける能力を持った人」と合致していました。

実際、その能力があれば企業や社会に貢献できた時代でした。「頑張れば報われる」とがむしゃらに受験勉強をして、「よりよい大学」「よりよい就職」を目指した人は、社会に出てもがむしゃらに働きました。

こうした人たちの努力で日本経済が発展していったことは間違いありません。

ゆとり教育は何が間違っていたのか

ところがバブルが弾け、銀行や証券会社などが倒産するという事態が起こります。生涯働くつもりだった会社が、ある日突然なくなってしまう……。こうした事態に直面して、会社のために自分の人生を犠牲にするのはやめよう、という空気が流れはじめます。

バブル崩壊は教育にも影響を与えました。経済が停滞したことで、それまでの「頑張れば報われる」という教育の在り方が通用しなくなってきたのです。

また、90年代後半になると第2次ベビーブームの子どもたちによる大学進学のピークも過ぎ、以前ほど頑張らなくても大学に入れるようになりました。

こうした世の中の変化を受けて、2002年から始まったのが「ゆとり教育」です。詰め込み教育の反省から生まれた新しい教育は、子どもたちにもっとゆとりを与え、「やらされる勉強」から「自ら学ぶ勉強」へと変えていく狙いがありました。

これから必要になるのは単なる知識ではなく、いかに社会が変化しようと自分で課題を見つけ、考えて行動し、よりよく問題を解決する力、すなわち「生きる力」を身につけることだと打ち出したのです。

「生きる力」を育む教育、というコンセプト自体は間違っていなかったと私は思っています。しかし、変わったことといえば学習範囲を大幅にカットし、授業時間を減らして週5日制にしたことと、新たに「総合的な学習の時間」を設けただけ。「ゆとり教育」の失敗は、具体的にどのような指導をすれば「生きる力」が身につくのか、教育現場に落とし込めていなかったことが原因だと考えます。

子どもたちにゆとりを持たせるために授業時間を減らしたものの、その時間をどのように生かし、どのような力をつけてほしいかという具体的なビジョンが提示されず、すべてが現場任せ。自分たちが経験したことのない学びを提供しなければならない教師たちは混乱しました。

一方、極端に学習範囲を減らしたことで、親たちから子どもたちの学力が低下するのではないかという不安の声があがりました。

広がり続ける私立校と公立校の格差

そこに目をつけたのが私立中高一貫校と大手進学塾です。90年代の終わりごろから、多くの私立学校が経済の低下と加速する少子化の影響で生徒集めに苦戦していました。このまま少子化が続けば学校経営の危機にさらされてしまう。

そこで、ゆとり教育に不安を抱く家庭に向けて、「反ゆとり」をアピールすることで生徒を集めようとしたのです。

中学受験をするには受験に特化した勉強が必要になるため、塾に通うのが一般的。そのため、私立学校と大手進学塾は互いに協力し合う関係にあります。中学受験が下火になると困るのは大手進学塾です。そこで、大手進学塾も「反ゆとり」をキーワードに宣伝に力を入れるようになります。

『3・14が3になる』『さよなら台形君』。大手進学塾の日能研による新聞折り込み広告や駅ポスターでのキャッチコピーは、ゆとり教育を不安視する親たちに刺さりました。こうして、生徒募集に苦戦していた私立学校と大手進学塾が巻き返しを図ったのです。

少子化による影響は別の形で現れるようになりました。バブル崩壊後、日本経済は低迷していたものの、人々の暮らしが一気に貧しくなることはなく、逆に子ども一人にかけられるお金は増えました。少子化で育てる子どもが一人、または二人程度になると、一度しかない子育てで失敗したくないという思いから、以前より過保護・過干渉な親が増えました。そして、学校により多くの教育サービスを求めるようになったのです。

よりよい教育を受けさせようとわが子を私立学校へ進学させた親たちは、高額な授業料を払う代わりに、大学進学実績を求めるようになります。私立学校に「特進コース」や「選抜コース」が設置されるようになったのもこのころです。

各私立学校は独自の教育理念を掲げています。本来であれば、その教育理念に共感した家庭が、その教育を受けさせるべく中学受験をします。ところが、このころから教育理念うんぬんより、大学進学実績を見て受験をさせる家庭が増えてきました。子どもたちに余裕を持って学習させるために始めたゆとり教育が、思わぬ方向に進んでしまったのです。

しかし少子化は止まりません。そこで、多くの私立学校は〝面倒見のよさ〟をウリに生徒確保に走るようになります。勉強が得意な子には難関大学受験に向けた指導を行い、勉強が苦手な子には補習などでしっかりフォロー。私立学校ならではの手厚い教育です。

このような方針で進学実績を大きく伸ばしていった学校もあります。親世代が学生だったころは〝ヤンキー校〟と呼ばれていたような学校が、今では進学校に変わっていることも珍しくありません。お子さんの中学受験で、「えっ⁉　あそこがこんなに偏差値が高いの？」と驚いた方もいることでしょう。

こうして、子どもたちは大人たちが与えた環境で勉強をするようになります。

一方、公立組からもゆとり教育を不安視する声があがりました。学校の授業では物足りない、心配だということで、小学生のうちから塾に通わせる家庭も出てきました。それによって、学校の勉強しかやっていない子との差が浮き彫りになりました。

全体的には子どもたちの学力低下が見られるようになり、「脱ゆとり」が叫ばれるようになります。授業時間が増加され、教科書の中身を見直す動きが出てくるのです。

大学は〝学ぶ意欲がある子〟を求めている

その後、少子化はさらに加速し、２００９年ころにはついに大学入学希望者が国内全大学の定員合計を下回る状況になりました。大学全入時代の始まりです。選ばなければ誰でも大学に入れるようになったのです。

「それなら受験勉強なんてしなくていいから、高校生はのびのびすごせるじゃない」と思うかもしれませんが、実際はそうはなりませんでした。早稲田大学や慶應義塾大学などの一部の人気大学はさらに倍率が上がり、より厳しい戦いになってしまったのです。

一方、その下のランクにあたるＧＭＡＲＣＨは、親世代のときより入りやすくなりました。中高でコツコツ勉強を頑張れば入れるようになり、多くの私立中堅校はそこを目標に進学実績を伸ばしていきます。

ところが、２０１６年に大きな変化が起こります。私立大学の定員数に制限が設けられたのです。発端は２０１４年度入試でした。少子化で入学定員割れの私立大学が全体の約半分を占める一方、全国で約４万５０００人の入学定員超過があることが判明したのです。

そのうちの約３万６０００人が東京、神奈川、愛知、大阪、京都などの三首都圏に集中していました。地方の学生が都市部に流れ、地方大学の維持が危ぶまれる状況です。

こうした事態を受けて、地方創生の観点から、２０１６年度入試から定員管理が厳格化します。定員数を大幅に上回った場合、交付される補助金が減額されることになったのです。この処置によってこれまで多くの学生を受け入れてきた都市部の大学が定員数を減らし、GMARCHをはじめとする人気大学に入るのが非常に難しくなりました。

今までならGMARCHレベルに入れた子が日東駒専レベルに狙いを変えなければならないほど、志望校の選び方が変わってしまったのです。

一方、それより下の大学はAO入試や指定校推薦を増やすことで生徒を確保するようになりました。なかには高校までの学力をまったく見ずに入れてしまう大学もあり、大学受験のために一生懸命頑張ってきた子と、何もしてこなかった子の二極化が進みます。

ところが、このどちらの子も大学に入ってから困ったことになるのです。まず、基礎学力が身についていなかったり、そもそも勉強に対する意欲が欠けていたりすると、大学で何を学ぶのかということすら明確になっていません。いわゆる「Fランク」の大学では、とりあえず経営を維持するために、日本語がままならない外国人留学生を大量に受け入れるところも出てきました。留学生というのは名ばかりで、日本で働くことを目的に来ているため、授業にまったく出ないという人も多くいます。

一方、頑張って受験勉強をしてなんとか希望の大学に進学したという子も、大学受験に突破することが人生のゴール地点だと勘違いして、入学した途端に遊びやバイトに走り、学びをおろそかにしてしまう学生が多く見られました。

親御さんからすれば、「昔も大学生なんてそんな感じだよ」と思うかもしれません。でも、日本経済が右肩上がりだったころは「高学歴＝人生の幸せ」と信じることができたでしょうが、今は高学歴であるだけでは何も保証してくれないのです。

また、大学受験まではいい成績だったのに英語の講義がまったく理解できない学生、暗記中心の学習だったため論理的な思考ができない学生に大学側も頭を抱えていました。

そもそも大学とは、学問を研究するところです。大学にはさまざまな専門分野があり、それを自分の意思で選択して、さらに学びを深める。つまり、そこには「自分はこの分野を学びたい」という明確な意思と意欲が不可欠なのです。

そして、大学もそういう意思と意欲を持った学生に来てほしいと思っています。第1章で紹介した慶應義塾大学のアドミッションポリシーにもあったように、大学側は学ぶ意欲のある子を求めているのです。

ところが、大学に合格することだけを目的に受験勉強を頑張ってきた子は、大学に入った途端、学ぶ意欲が低下してしまう……。何もしないで入って来た子は、大学で学ぶために必要な基礎学力すらない状態……。

国も大学も、このままでは日本の教育の質は劣化する一方だという危機感を持つようになり、ここにきてようやく「大学で学ぶ意味は何か」が問われるようになってきたのです。

「安いニッポン」の原因は教育にあった

同時に、社会も大きく変化しました。バブル崩壊以降の日本経済の低迷や、少子高齢化問題が懸念される中、世界的に急速なＩＴ化とグローバル化が進み、日本においても働き方を大きく変えざるを得ない状況になりました。

ＩＴ化で、「モノ」から「プラットフォーム」へ時代が移ってきていることは第1章でもお伝えしました。安い労働力でそれなりの性能のモノを生産する新興国が登場してきた昨今、高性能な製品をつくるという日本の強みは失われてしまいました。

かといって、新たなＩＴビジネスを創造してきたのはアメリカや中国の企業ばかりで、日本の企業は世界に通用するサービスや仕組みを生み出せていません。社会の変化に、即座に対応することができなかったのです。その足を引っ張ったのが、従来の知識重視型の大学入試に象徴される日本の教育方式でした。

昭和の時代は、努力をして大量の知識や技術が習得できる人が評価されていました。しかし、時代が変わり、与えられた指示に対して素早く的確にやってくれる存在が登場します。それが「ＡＩ（人工知能）」です。このＡＩの発達によって、単純労働や非熟練労働の多くが消えるのではないかと言われています。

こうした変化の激しい社会では、人に指示されたことを忠実にこなせる人材より、自ら課題を見つけて解決できる人材が必要です。また、グローバル化が進んで、さまざまな国籍やバックグラウンドを持つ人たちと働くようになりました。こうした人たちと一緒に仕事をしていくには、相手を理解し尊重しつつも自分の考えや意見を伝える力が求められます。

このように社会が大きく変化しているにもかかわらず、日本の教育は昭和の時代からさほど変わらず旧態依然としたまま。いまだに大学受験を最終ゴールとした知識重視の教育が行われています。

実社会とかけ離れた日本の教育は、大学を出ているにもかかわらず英語が話せない人材、上司からの指示がないとまったく動けない想像力の乏しい人材をつくりあげてしまいました。その結果、日本企業は世界から取り残されてしまったのです。

教育は社会の変化とともに変わる

「今の若い人は指示されたことはできるけど、自分から動こうとしないんだよね……」

筆者の同世代（１９６０年代生まれ）の人たちと話すとよく聞く言葉です。でも、それは今の若い人たちに限ったことではないと思います。育った時代は違っていても、これまでは誰もが似たような教育を受けてきたからです。

ただし、私たち世代が若かったころと今の若い世代とでは、働く環境がまったく違います。今はどの職場でもパソコンが一人一台用意され、事務処理的な仕事はかなり効率化されました。昔なら何日もかけてつくっていた資料が、今はエクセルやパワーポイントなどで簡単につくれます。そのため、資料をつくること自体には能力が求められなくなりました。

しかし、これらの便利なツールで情報を集めたり、整理したりすることはできても、それをどのように生かし、ビジネスにつなげるかを考えることはまだＡＩにはできません。

この国の人にはこういうアプローチがいいのではないか、これからはこういうものが受け入れられるのではないか――。地域性や人間性の特徴を分析し、新たな価値のあるものを予測し、生み出すのは人間にしかできないのです。これからの社会では、このような「人間にしかできない能力」が求められるようになります。

そして、それを育む場所は学校以外にはあり得ません。このように、教育は社会の変化とともに変わっていくべきものなのです。

なぜ「思考力」「判断力」「表現力」が必要なのか

「人間にしかできない能力」として挙げられるのが、「思考力」「判断力」「表現力」です。

思考力を簡単に言えば、「あれこれ考える力」です。考えるというと、ウンウン頭をひねっている状態をイメージする人が多いかもしれません。テストの問題を考えて正解を出すのも考えることの一つですが、ここで伝えたい「考える」はそれとは少し異なります。

私たちは生きていくうえで、さまざまな事態や出来事に直面します。たとえば、今なら新型コロナウイルスの感染拡大が大きな問題になっています。こうした未知の出来事にははっきりした「正解」がありません。このような状況では、よりよい方法や解決法を見つけるのに思考力が必要になります。

「考える」には、まず対象となる「課題」があり、「分析」→「解釈」→「検証」の３つのステップを踏んで、その課題を解決していきます。物事を考えるには、その元となる知識や情報が必要です。従来の教育では、この知識を増やすことに重点が置かれていました。

しかし今は、これらの知識や情報はインターネットで簡単に手に入るため、知識を増やすために努力する必要はなくなりました。誤解をしないでいただきたいのは、知識が不要というわけではありません。知識がなければ、考えることはできませんし、知識が多ければ多いほど、場合を尽くして最善の方法を考えることができます。

知識を得るために必要な力が読解力です。新しい大学入試は問題文が長くなり、複数の資料から情報を読み取るなど問題構成に変化があったことはお伝えしましたが、それは「考える」前段階に必要な情報収集、すなわち読解力があるかどうかを測るためです。

判断力は「こうだと決める力」です。スマホ一つでありとあらゆる情報を手に入れられる今、正しい情報を的確に見極める力がこれまで以上に必要になっています。この力が不足していると、すぐに他人の意見に流されたり、善悪の判断がつかずに人間関係がこじれてしまったりするなど、不本意な事態に巻き込まれてしまいます。

物事を判断するには、現在の状況を把握し、いくつかの選択肢を比較し、そのうえで「自分はこうだ」と決断する力が必要です。「自分で判断し、決断する」ことは、自分の人生を主体的に生きることにもつながります。

表現力は、「さまざまなものをアウトプットする力」です。人は一人で生きてはいけません。さまざまな人間関係の中を生きていくには、自分の考えを相手に的確に伝える力が必要です。

コミュニケーションをとるうえで気をつけなければいけないのが、「事実」と「意見」を分けること。論理的に話せない人は、事実と自分の推測や意見を整理せずに話す傾向があります。そうすると話の内容が事実ではなくなり、相手に正確に伝わらないだけでなく、誤解から人間関係のトラブルも起きやすくなります。

人と人のコミュニケーションを円滑にするには、正しい伝え方を身につける必要があります。特にグローバル化が進んでいる昨今、日本人特有の「察する力」を相手には期待できないので、筋道を立てて伝える力を身につけていかなければなりません。

新学習指導要領はどこが変わったのか

文科省が定めている学習指導要領は、社会の変化に応じて10年に一度改訂されます。2020年度の大学入試から「思考力」「判断力」「表現力」が求められる問題が出るようになったことから、2020年の改訂でこうした表現がはじめて出てきたと考えている方もいるかもしれませんが、これらの重要性は、実は1989年に定められた学習指導要領にすでに登場していました。

今から約30年前、すでにこれらの力を伸ばす教育を目指していたことに驚いた方もいるかもしれません。

「思考力」「判断力」「表現力」を育む教育は、その後の「ゆとり教育」から「脱ゆとり教育」まで続いていて、前回の学習指導要領にもその言葉が登場しています。
改訂前、学習指導要領の3つの柱はこのようになっていました。

【学習指導要領の3つの柱（改訂前）】
①基礎的な「知識及び技能」
②知識及び技能を活用し、「自ら考え、判断し、表現する力」
③「学習に取り組む意欲」

では、今回の学習指導要領ではどのような改訂があったのでしょうか？

【新学習指導要領の3つの柱】
①実際の社会や生活の中で生きて働く「知識及び技能」
②未知の状況にも対応できる「思考力、判断力、表現力等」
③学んだことを人生や社会に生かそうとする「学びに向かう力、人間性等」

こう見ると、基本的な考え方はあまり変わっていないように感じます。しかし、決定的に違うことが一つあります。それは、「より実社会を意識している」という点です。改訂前の「知識や技能」は、習得することに重点が置かれていました。

これらの知識や技能は、テストや入試では生かされたのかもしれませんが、実社会で活用できなければ意味がありません。中高6年間で英語を学んだとしても、実際に話したり、読んだり、書いたりできなければ使える知識や技能ではない。そこで新学習指導要領では、あえて「実際の社会や生活の中で生きて働く」と加えているのです。

「思考力」「判断力」「表現力」については、「知識及び技能を活用し」から「未知の状況にも対応できる」という表現に変わりました。

改訂前に書かれている「知識及び技能」というのは、すでにある知識や技能、すなわち「既知」のものを活用して考えるというものです。あくまで「既知」のものを整理したものであり、正解があります。正解があるという点では、これまでの大学入試をはじめとするテストや試験と同じということです。

しかし、これからの時代に必要となるのは、「未知」に対する力になります。ＩＴ化、グローバル化などで私たちの生活はこの20年間で大きく変わりました。

さらに、2020年に入り突如現れた新型コロナウイルス。季節に関係なく通年マスクをつけ、人との接触を避ける。飲食店ではお酒が出せなくなり、イベントは軒並み中止……。いつの時代も未来の予測は外れるものですが、ここまでの変化を予測することは誰にもできなかったでしょう。

しかし、新型コロナウイルスの問題も、もしかするとこれから起こるさらに大きな社会問題と比べれば序の口、ということも考えられます。今の子どもたちが大人になったとき、私たちが想像もできないような種類の問題に直面しているかもしれません。

今の時代に必要なのは、そうした未知の問題に対応する力です。だからこそ、「知識および技能を活用し」ではなく、「未知の状況にも対応できる」、つまり思考力・判断力・表現力を育むことが不可欠なのです。

学習指導要領が求めている力とは

学習指導要領の3つの柱について、改訂前の「学習に取り組む意欲」と、改訂後の「学びに向かう力」という違いがあります。「一体何が違うの？」と言いたくなりますが、とらえ方はだいぶ違っています。

学習に対する前向きな気持ちを指す、改訂前の「学習意欲」は、当初は「主体性・多様性・協働性」という言葉が提案され、論議されていました。自分の考えを持って生きることは大事だけれど、グローバル化が進む社会では、さまざまな文化や価値観を持った人たちと一緒に暮らしながら学び、仕事をしていくことになります。

そのときに必要になるのが、多様性を理解して仲間と協働する力や、自分の考えを持ちつつも、相手の考えも尊重できる心の豊かさです。

しかし、最終的に「主体性・多様性・協働性」は、「学びに向かう力、人間性など」という非常に抽象的な表現になってしまいました。「主体性・多様性・協働性」の方が、未来の社会の必要なものとして明確だったように思います。

気をつけなければいけないのが、「学びに向かう力」という言葉です。この言葉は、「学習意欲」と同じと受け止めてしまいそうです。学習意欲を持つこと自体は決して悪いことではありませんが、その評価を「授業中に積極的に手を挙げる」とか、「授業をまじめに

新学習指導要領の３つの柱

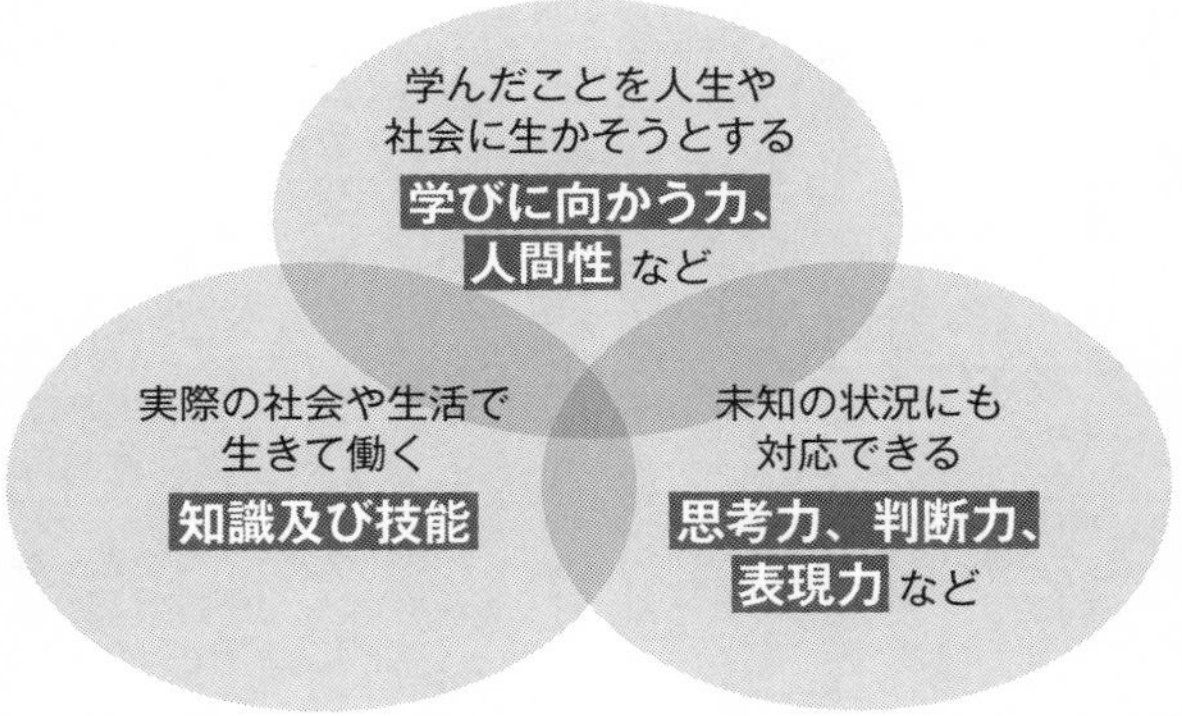

社会に出てからも学校で学んだことを生かせるよう、
３つの力をバランスよく育みます。

聞いている」といった授業態度だけで評価してしまうことが懸念されます。

大事なのは、「意欲がどんな背景から生まれ、どんな方向へ向かっていくか」です。そのあたりがなんとなくぼんやりとした表現になっているので、解釈が難しいのでしょう。

「人間性など」という表現はさらに抽象的です。人によっていろいろな解釈をしてしまいます。未来の社会で求められる「人間性」とは何かを具体的な言葉で示した方がよかったのではないでしょうか。

今回に限らず、学習指導要領の表現は、わかりづらいところがあります。しかし、今はネットで調べると詳しく解説されているサイトがいくつも見つかります。「一体、何が言いたいのかわからない」と避けるのではなく、お子さんが今どんな教育を受けているのか、まずは「知ること」が大事です。

大学入試が変われば日本の教育も変わる

社会の変化に応じて10年に一度改訂される学習指導要領。「ゆとり教育」から「脱ゆとり教育」へと試行錯誤が続きましたが、どの時期の学習指導要領を見ても、「主体的な学び」や「思考力」「判断力」「表現力」が大事であるといった内容自体は間違っていなかった、と私は思っています。

しかし、いくら目標を掲げても、それが実行できなければ理想論で終わってしまいます。私自身、ゆとり教育が導入された当時は現場の教師でしたが、個々の裁量に任されている部分が多く、困惑したものです。

その後、「脱ゆとり」の方向へと進みますが、ゆとり教育のときから始まった「思考力」「判断力」「表現力」の3つの力の育成は、そのまま継続されました。ところが、ゆとり教育の反省から、再び学力重視の流れに変わります。

前述した通り、少子化で大学全入時代になっても難関大学の人気は変わらず、むしろ限られた定員をめぐって厳しい戦いになりました。

学習指導要領では、これらの「生きる力」が大事だといっても、大学入試の中身は従来の知識を中心としたものだったので、結局のところ大学受験のための勉強をしなければならず、国が掲げている理想の教育と現実の教育の間に乖離が生じたままだったのです。

今回の改革が今までと大きく違うところは、各教科の教科書に「思考力」「判断力」「表現力」を伸ばすための工夫が見られるようになったこと、そして大学入試の内容が変わったことです。

２０２０年に小学校から始まった新学習指導要領は、２０２１年には中学校、２０２２年には高校でも実施され、小中高の教育がここでようやく一貫します。新しい大学入試の内容については第1章でご紹介した通りです。

数年前から少しずつ変化がありましたが、２０２０年度の入試は確実に変わったと感じています。この後2年間の移行期間を経て、２０２４年度入試から新しい大学入試が本格導入されます。現在よりさらに実社会を意識した内容になることは間違いないでしょう。

このように、日本の教育はこれから大きく変わろうとしています。

「どうせまた理想論で終わるんでしょ」と思っている方は少なくありませんが、長年教育に携わってきた私の感触では、「今回は本気で変わろうとしている」というのが率直な実感です。

では、親や教育者はこれらの力をどのように育んでいけばいいのか。次の第3章でその方法について解説していきましょう。

第3章

これからの時代に身につけるべき力とは

情報過多な社会で〝本質〟を見抜くには

２０２０年度大学入試から、「思考力」「判断力」「表現力」を測る問題が増えました。これらの３つの力を重視するようになった背景にあるのが、インターネットの存在です。今や私たちの暮らしに欠かせないインターネット。知りたいことがあれば、検索するだけで追いきれないほどの情報を得ることができ、とても便利ですよね。

しかし、みなさんも使ってみて実感していると思いますが、これらの情報は必ずしもすべてが正しいわけではありません。情報が増えたことで、正しい情報とそうではない情報が混在するようになりました。

根拠のない情報から最新の正確な情報まで、さまざまな情報が氾濫する今、すべての情報を鵜呑みにしていては、何をどう判断すればいいのか混乱するばかりです。

また、知りたい情報を簡単に手に入れられる反面、興味のない情報は無意識のうちに排除してしまうことになります。すると、自分の知っている情報が常識だと思い込んでしまい、世間一般ではどうなのか、世界ではどうなのかといった視点で物事が見えなくなってしまいがちです。インターネットによる情報収集は便利である一方、情報が偏りやすいという危険性があります。

こうした情報過多社会で必要になるのが、物事の本質を見抜く力です。それにはまず、今ここにある情報は本当に正しいのか、自分が常識だと思っていることは本当に一般的に通用するのかを疑い、自分の頭で考え、判断する力が必要になります。

２０２０年度の共通テストでは、どの教科も問題文が長めで、二つの文章を見比べたり、図や表から情報を読み取ったりするなど、読解力を求める問題が多く出されました。こうした問題を出す背景には、複数の情報から正しい情報を読み取る力、すなわち今の情報過多社会に必要な力が身についているかを判断しようとする意図があります。

「考える」には「問い」が必要

情報過多社会では自分の頭で考え、判断することが大事だといいましたが、では「考える」ということの意味をもう一度たしかめてみましょう。「考える」の理解は人によってさまざまで、本人は考えているつもりでも、実は考えていないことが少なくありません。

「考える」の意味を辞書で調べてみると、こう書いてあります。

1．知識や経験などに基づいて、筋道を立てて頭を働かせること。
2．関係する事柄や事情について、あれやこれやと思いをめぐらす。
3．新たなものを工夫してつくり出す。

「考える」ことと、「思ったり、感じたりすること」は何が違うのでしょうか。

たとえば、空を見て「わぁ～、おもしろい形の雲がある！」と思わず声を上げてしまったとします。これは、印象をそのまま伝えているので、「思う」「感じる」です。

一方、「わぁ～、おもしろい形の雲がある！　どうしてあんな形になっているのだろう？」となると、「考える」になります。

両者の違いは何かといえば、そこに「問い」が存在するかどうかです。問いが生まれれば、答えを探そうとします。そのときの頭を働かせている状態が「考える」です。

でも、今はインターネットで調べれば何でも答えが出るじゃないか、と思った人もいるでしょう。たしかに、「雲の形」「種類」「現象」などのキーワードを入れて検索すれば、答えが見つかるでしょう。ただし、こうなると「考えた」ことにはなりません。「検索して調べた」というだけです。

また、たとえばテストで「フランシスコ・ザビエルが日本に来た目的は何ですか？」という問題が出たとします。「目的？ 目的はえーっと、何だったっけ～？」と考えますが、これは、一度習ったことを思い出そうとしているだけで、考えているわけではありません。ザビエルが日本に来た目的は「日本にキリスト教を布教するため」という答えを頭の中の記憶の引き出しから「引き出そうとしている」だけです。

「考える」という行為には、「問い」が必要ですが、必ずしも正しい「答え」があるわけではありません。

たとえば、同じザビエルに関する問題で、「もしあなたが、ザビエルの布教活動をサポートするとしたら、ザビエルに対してどのようなサポートをしますか？ ２００字以内で説明しなさい」という問いだったらどうでしょう？ 人によっていろいろな答えが出てきそうですね。

首都圏模試センターの「思考コード」表

変換操作	全体関係	変容3	A3	B3	C3
複雑操作	カテゴライズ	複雑2	A2	B2	C2
手順操作	単純関係	単純1	A1	B1	C1
(数)	(言語)		A 知識・理解思考	B 論理的思考	C 創造的思考
			知識・理解	応用・論理	批判・創造

点数や偏差値に代わる学力の新基準

上の表をご覧ください。これは首都圏で中学受験向けの模擬試験を運営している「首都圏模試センター」が作成した「思考コード」です。この思考コードは、「ブルーム・タキソノミー（改訂版）」というものを参考に、3×3の表を考案して「思考コード」と名づけ、中学入試問題の分析・分類や問題作成に活用されています。

ブルーム・タキソノミーとは、アメリカの教育学者ベンジャミン・ブルームが考えたタキソノミー（＝教育目標の分類学）です。

ブルームの教育目標は①知識　②理解

改訂版ブルーム・タキソノミー認知領域

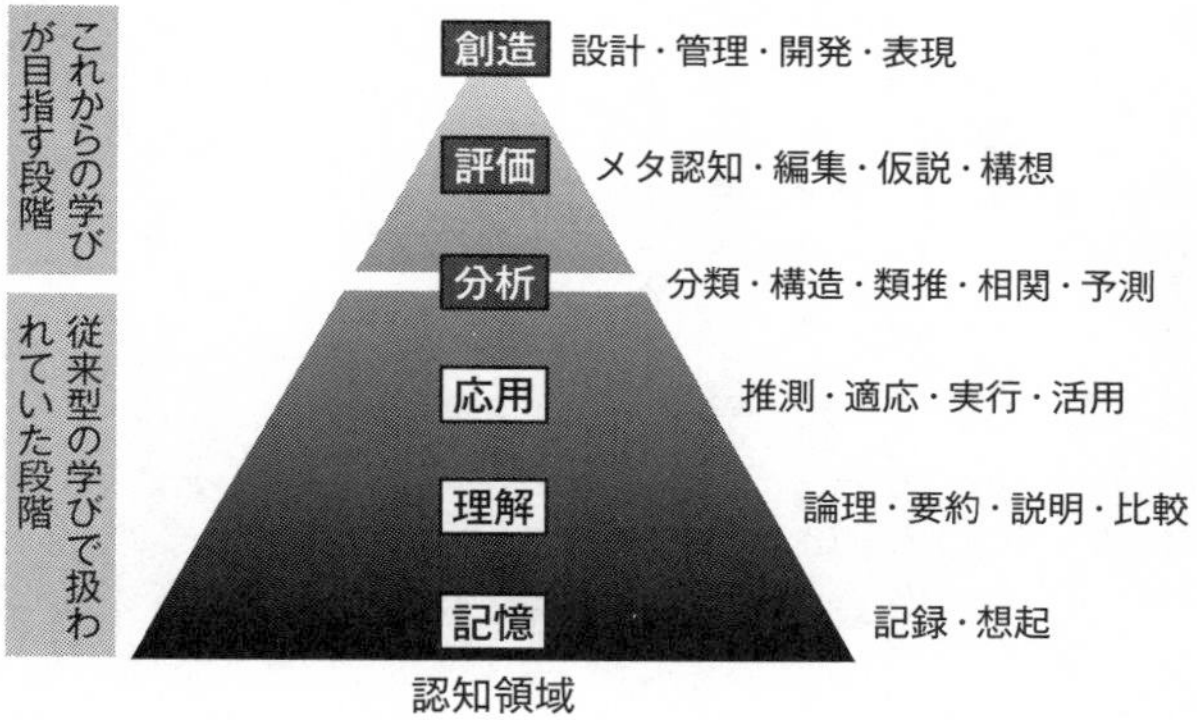

A taxonomy for learning, teaching, and assessing:A revision of Bloom's taxonomy of educational objectives. (Anderson LW&Krathwohl DR.,eds.), Allyn and Bacon,2001を基に、矢萩邦彦(「教養の未来研究所」所長)が作成したものを引用

③応用　④分析　⑤総合　⑥評価という順で低レベルから高レベル、単純から複雑になっています。その後、弟子筋の学者たちによって、①の知識を記憶に、⑤の総合を評価に、⑥の評価を創造に改訂されました。

それを表したのが上のピラミッド図です。簡単に言えば、物事はこの順序で教えるべきであり、学習の到達度も①〜⑥のどこまでできるかを見ればよい、ということです。

首都圏模試センターの思考コードは、このブルーム・タキソノミーを参考にして作られました。3×3＝9マスには、ABCと123を組み合わせた記号がついています。縦の列は、左から右へA＝「知識・理解思考」→B＝「論理的思考」→C＝「創造的思考」という順に、思考の段階が高度化していきます。

横の列は、下から上へ1＝「単純」→2＝「複雑」→3＝「変容」という順に、思考のレベルが上がっていきます。左側には、1〜3のレベルが算数・数学＝（数）ではどんな操作にあたるのか、国語・英語＝（言語）ではどんな理解にあたるのかが示されています。


では、具体的な例をあげて見ていきましょう。こちらは、先に例にあげたフランシスコ・ザビエルに関する問題を思考コードに当てはめたものです。

A軸は従来型の知識理解の軸で、詰め込み（＝暗記）で対応できる問題です。B軸は知識をつなぎ合わせて論理的に説明する問題で、従来は応用と言われていた問題です。

この問いには正解はあるものの複雑な要因が絡み合っていたり、決められた字数で過不足なく表現することが求められたりするなど難しいものになっています。先の例でいうと、「フランシスコ・ザビエルが日本に来た目的は何ですか？」といった問題です。

これからの教育で特に重要になるのが、創造的思考のC軸です。この軸がいわゆる「思

「思考コード」に当てはめた フランシスコ・ザビエルに関する問題

変換操作	全体関係	変容3	**A3** ザビエルがしたこととして正しい選択肢をすべて選び、年代順に並べなさい。	**B3** キリスト教の日本伝来は、当時の日本にどのような影響を及ぼしたのか、200字以内で説明しなさい。	**C3** もしあなたが、ザビエルのように知らない土地に行って、その土地の人々に何かを広めようとする場合、どのようなことをしますか。600字以内で答えなさい。
複雑操作	カテゴライズ	複雑2	**A2** ザビエルがしたこととして正しい選択肢をすべて選びなさい。	**B2** キリスト教を容認した大名を一名あげ、この大名が行ったこと、その目的を100字以内で説明しなさい。	**C2** もしあなたが、ザビエルだとしたら、布教のために何をしますか。具体的な根拠とともに400字以内で説明しなさい。
手順操作	単純関係	単純1	**A1** (ザビエルの肖像画を見て)この人物の名前を答えなさい。	**B1** ザビエルが日本に来た目的は何ですか? 50字以内で書きなさい。	**C1** もしあなたが、ザビエルの布教活動をサポートするとしたら、ザビエルに対してどのようなサポートをしますか。200字以内で説明しなさい。
(数)	(言語)		A 知識・理解思考	B 論理的思考	C 創造的思考
			知識・理解	応用・論理	批判・創造

※首都圏模試センターの資料を基に作成

考力型」と言われるタイプの問題で、これらの問題に対応できることが「生きる力」につながると考えられています。

たとえば「もしあなたが〜」という表現が冒頭にきます。これは、まさに正解のない問いです。最もよい方法を考え、表現するといったクリエイティブな思考が求められる問題となります。先に挙げた「もしあなたが、ザビエルの布教活動をサポートするとしたら、ザビエルに対してどのようなサポートをしますか。200字以内で説明しなさい」という問題がまさにそうで、C1に値します。

それがもっと高度な思考になると、C3のような「もしあなたがザビエルのように知らない土地に行って、その土地の人々に何かを広めようとする場合、どのようなことをしますか。600字以内で答えなさい」といった難度の高い問いになります。

学びを解決策に生かす力が求められる

大学入試が思考力を求める問題に変わってきていることは第1章でお伝えしましたが、これからの入試ではこのようなCレベルの問題が多く出題されるようになります。

これまでの日本の学校教育では、授業で先生の話を聞いて多くの知識を覚え、宿題やテストなどでその定着度を見るというのが主流でした。こうした学びには、あらかじめ「答え」があり、暗記したり、演習をくり返したりすることで鍛えられました。

しかし、これからの教育は、正解のない答えを探してみたり、自ら問いを立て、思考をめぐらせたりすることが中心になっていきます。

なぜこのような教育に変わっていくのかといえば、これまでも何度もお伝えしているように、未知の社会を生きていくうえで必要だからです。

いつの時代でも、未来のことは本当のところはわかりません。しかし、20〜30年くらい前までは、ある程度予測することができました。日本より先を行く先進国を見て、日本もやがてこうなるのだろうな、とイメージできたからです。

ところが今は、ＩＴ化やグローバル化によって世界がガラリと変わりました。私たちが暮らす社会は常にさまざまな問題がありますが、これからは予想をはるかに超えるような問題が起きるかもしれません。これまで直面したことがないような新たな問題にぶつかったとき、「ああ、困ったな〜」では先へ進むことができません。そこで必要になるのが、既存の知識や経験を使って、よりよい改善策やアイデアを考えることです。

歴史を覚えるのではなく、これまでの歴史の中で出てきた事象や知識を活用して、今の時代に生かす。「考える」先には、よりよいものが生まれるというイメージです。

「正しく考える」には方法がある

「考える」ことが、未来には必要であることはわかった。でも、どうやって考えればいいの？　という人もいるでしょう。それもそのはず、私たちの世代は学校で「考えるやり方」を教わっていないからです。

何日もかけて考えてもいいアイデアが見つからず、どこにでもあるような企画書しか提出できなかったり、解決策が見つからなかったりと、考えたわりにはたいした答えやアイデアが見つからなかった。そんな経験をしたことはありませんか？

実はこの状態は考えているようで考えておらず、ただ、ああでもないこうでもないと悩んでいるだけにすぎません。

「考える」には、考えるためのやり方があります。まず、考える対象となる「課題（問い）」

があり、それをさまざまな情報を収集したうえで分析し、自分なりに解釈をし、最後に目的と合っているかを検証し、問題解決をしていきます。

このように、「分析」→「解釈」→「検証」のステップを踏むことで思考の筋道が立ち、論理的に考えられるようになります。

人は何もないところから、考えをめぐらせることはできません。考えるためには、まずその元となる情報や意見が必要です。また、ひとくちに「考える」といっても、課題（問い）によって、考え方も変わってきます。

物事をどんな切り口でとらえ、思考を巡らせるか。さまざまな考え方をするうえで、ぜひ活用してほしいのが「シンキングツール」です。

シンキングツールとは、自分の考えをつくり出すことを助けてくれる道具です。何かを考えるには、複数の情報や意見を比較したり、分類したり、理由づけをしたりするなど、「思考のスキル」を身につけておくとまとまりやすくなります。頭の中だけで考えようとするとうまく整理ができず、ごちゃごちゃになってしまいがちです。でも、図に描き起こすと思考の整理がしやすくなります。

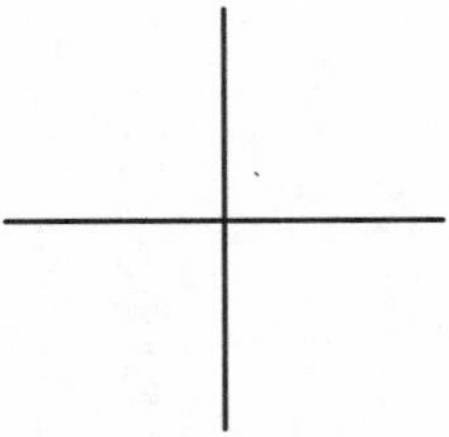

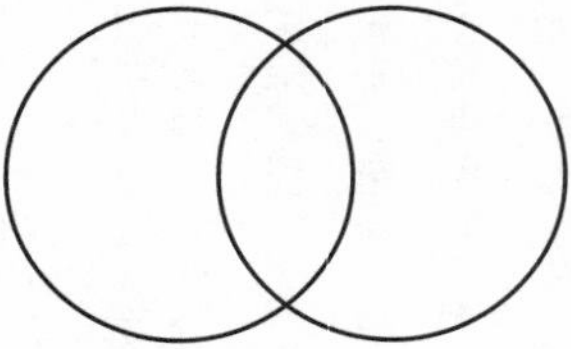

考えるための「ツール」を活用する

シンキングツールをいくつかご紹介しましょう。

【ベン図】二つの事実、考え、意見などについて、共通点と相違点の両方を書き出し、情報を整理して比較します。二つの円が重なる部分に共通点を書きます。何かを比べるときは、どちらかといえば相違点に目が行きがちですが、ベン図を活用すると、共通点と相違点の両方が意識されます。両方を明らかにしたうえで物事を判断し、自分の考えをまとめます。

【座標軸】ベン図は二つの対象物を単純に比較するときに使いますが、もう少し深く思考したいときには座標軸

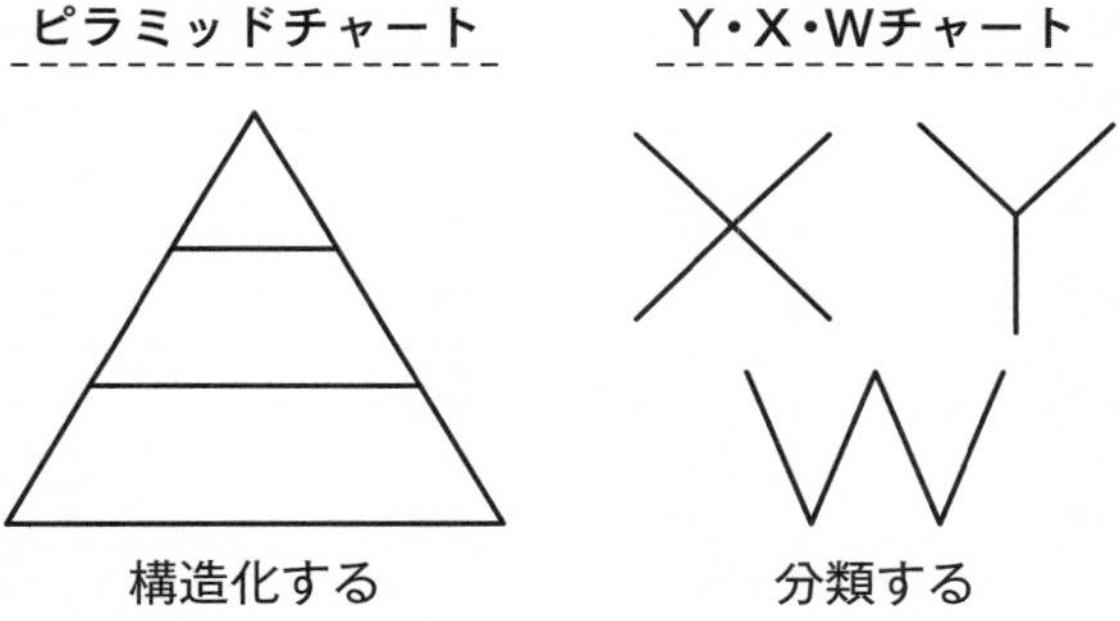

が便利です。座標軸は物事を二つの軸で整理するときに使い、比較するだけでなく、順序をつけたいときの思考を助けてくれます。

【Y・X・Wチャート】物事を多方面に見たり、分類したりするときに役立つツールです。何か物事について考えるとき、いくつかの視点を持って情報を整理すると考えやすくなります。Yチャートは3つ、Xチャートは4つ、Wチャートは5つの視点から物事を考えていきます。視点を多く持つほど、いろいろな面が見えてきます。

【ピラミッドチャート】自分の考えを具体化したり、構造化したりするときに役立ちます。ピラミッドの頂点を主張とし、上から下に向かって情報を整理していきます。

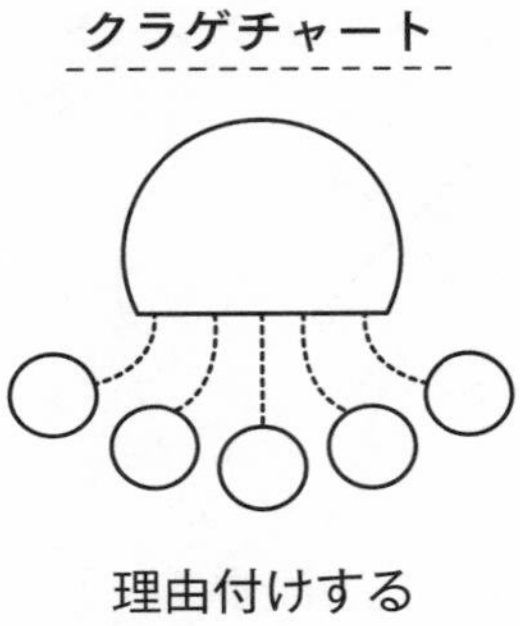

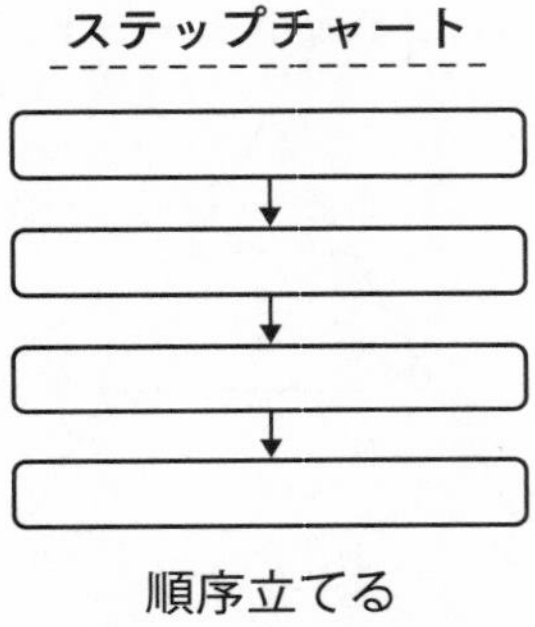

真ん中に主張を支える理由を、一番下に理由を裏づける根拠、すなわち事実やデータ、経験などを書き込みます。こうして自分の考えを具体化・構造化しておくと、説得力のある主張ができます。

【ステップチャート】思考を組み立てたり、話をまとめたり、要約したりするときに役立ちます。矢印は時系列だけでなく、重要度などへの対応も可能です。

【クラゲチャート】問題事象の原因や要因を探すときに使う理由づけのためのツール。クラゲの頭の部分に自分の考え、答え、出来事や問題となる事象を記入し、それらに対する根拠や原因などを足の円に書いて「理由」を明らかにします。

思考のためのツールはICTと相性がいい

これらのシンキングツールは、学校の教科書にも紹介されています。

でも、こうした図をいちいち黒板に書いていたら時間がかかってしまいますよね。そこで最近は、私立学校を中心にタブレットを活用した授業が導入されています。

シンキングツールの活用で最もよく使われているのが、「ロイロノート・スクール」というアプリです。

ロイロノート・スクールは、「思考力」「プレゼン力」「英語4技能」を育てることを目的とした授業支援クラウド。これには、先ほど紹介したようなさまざまなシンキングツールが用意されていて、思考の整理を手助けしてくれます。

ツールは自分だけで使うこともできるし、クラスのみんなと共有することもできます。これを使えば、先生が黒板にいちいち書き残す必要はありません。授業の効率化によって、先生がやるべきことは、板書ではなく「問いかけ」に変わります。

こうした授業は生徒も主体的に取り組むので、問いかけによってさらにいろいろな考えを引き出すことができます。パソコンやタブレットによる情報通信技術（ICT）をうまく活用すれば、子どもたちの思考力を伸ばしていけるのです。

思考力を身につけるには積み重ねが重要

思考力は、ある時期になると突然身につくものではなく、幼いときからの積み重ねによって身についていくものです。思考力を育てるうえで欠かせないのが、「なぜ？」という問題意識を常に持つことです。

幼い子どもはみんな好奇心が旺盛です。見るもの、聞くもの、触れるものなど、いろいろなものに対して何でも不思議に思い、「なぜ？」という疑問を持ちます。「なんで？」「どうして？」の質問攻めにあい、困った思い出がある方は多いのではないでしょうか。

こうした質問にいちいち答えるのは大変ですし、親御さんにだってわからないこともあります。そこでつい「これはこういうものなの」と言ってしまったり、「そんなこと考えなくていいの」と邪険に扱ってしまったりします。

すると、子どもは「どうせお母さんに聞いても相手にされないし」と質問をするのをあきらめてしまったり、「こんなことを聞いたらお父さんにバカにされるかもしれない」と躊躇してしまったりするようになります。こうして、次第に物事に対するアンテナが働かなくなってしまうのです。

また、小学生になると勉強が始まり、習ったことを覚える学習になります。すると、覚えたことを問題集で解いたり、テストで解答したりすることが考えることだと思うようになり、ますます考える機会が減ってしまうのです。

こうした危惧から重要視されるようになったのが、「思考力」を高める学習です。でも、それまでそうした学習をしてこなかったのに、いきなり「考えろ」と言われても困ってしまうでしょう。考えることが身についていない子どもに考えるよう促すには、「問いかけ」が必要です。これからの授業は、この問いかけが重要になると考えています。

私は社会の教師だったので、社会の授業を例にお話しすると、「墾田永年私財法」という言葉を覚えているでしょうか。墾田永年私財法は、奈良時代の中期にあたる743年（天平15年）に聖武天皇が定めた政策です。その約20年前、農地化されていない土地を開墾すれば三世代まで所有を認めるという「三世一身法」が発布されました。

しかし、この法令は3代後には土地を返却しなければならなかったため、農民たちは意欲を失って耕作をやめ、開墾した土地がまた荒れてしまう状態になっていました。そこで、墾田永年私財法では、新たに開墾した土地は、期限を設けず、永久に子孫に受け継ぐことができるようにしました。

ところが、資本を持っていた中央貴族や豪族が積極的に墾田を行うようになり、私有耕地が拡大し、有力者の私有地である荘園を増加させるきっかけになってしまったのです。農民たちのモチベーションを上げるつもりで始めた政策が、思わぬ方向へと向かってしまったというわけです。

墾田永年私財法は、中学1年生の「中学歴史」の授業で学習します。墾田永年私財法については、テストでよく取り上げられますが、その多くは「墾田永年私財法が発令されたのはいつですか?」「誰が何のためにつくった政策ですか?」といったものでした。つまり、きちんと授業を聞き、教科書を読んでいれば答えられる内容でした。

でも、今はもう少し踏み込んで学習するようになっています。２０２1年から中学でも新学習指導要領の内容が盛り込まれるようになり、教科書の中身にも変化が出ています。

墾田永年私財法は、山川出版社の「中学歴史」の教科書では「律令国家の仕組みと人々の暮らし」というテーマの授業で習いますが、墾田永年私財法について書かれているテキストの横に、小さく「ステップアップ」として、「墾田永年私財法は、律令国家にとってどのように役立ったか、考えてみよう」と、考えるテーマがあげられているのです。これは今までになかったスタイルです。そうやって、一歩踏み込んだ問いを投げかけることで、思考は広がっていきます。

思考を広げるための問いは、どんな内容でもいいと思います。たとえば、「新しく開拓した土地は自分のものになると聞くと、いいことのように感じるけれど、問題点はまったくないのかな？」「同じような法律は、海外でもあったのかな？」「新しく開発したら、自分のものになることって、ほかにないかな？」など、いろいろな問いを投げられます。

問題点としては、有力者が有利に働く政策になってしまったことがあげられますし、似たような例として特許の話が出てくるかもしれません。そうすることで、一つの知識で終わらせず、思考を広げていくことができます。この思考を広げていくことが、今回の学習指導要領の狙いです。

しかし、このように思考を広げていくには、誰かが何か問いを投げてあげる必要があります。もちろん、自分でどんどん思考が広がっていけばいいのですが、これまで知識を覚える学習だけをしてきた子が、いきなり思考を広げていくのは難しいでしょう。

そこで、はじめは大人が問いを渡してあげるといいと思います。それを積み重ねることで自分で思考を広げていけるようになります。思考力を身につけるには、日々の積み重ねが大切なのです。

その情報は事実？ それとも意見？

物事を考えるには、元となる知識や情報が必要です。先に例として挙げた墾田永年私財法なら、それがいつ何のためにできた政策なのかという知識は最低限知っていなければ、思考を広げていくことはできません。

今、私たちの暮らしにはインターネットが欠かせず、インターネットを通じて得た情報を元に考えを巡らせることが増えています。しかし、インターネットで流れてくる情報は、必ずしもすべてが正しいわけではありません。事実か否かを見極める必要があります。

そのときに気をつけたいのが、ファクト（事実）とオピニオン（意見）の区別です。ファクトは過去に実際に起こったことや、観察や調査で客観的に真実だと証明できるもの。一方、オピニオンはある人の何かに対する意見や推論などで、人によって変わります。

「そんなの簡単に見わけられるよ！」と思うかもしれませんが、意外と区別ができていない人は多いのです。

ネット上の記事を読んでいると、あたかも事実のように書かれていますが、よくよく注意をして読んでみると、「これってこの人の推測にすぎないのでは？」「これだけでは事実とは言えないよなぁ～」と気づくことがあります。

ネット上の記事は、そのくらい巧妙に書かれているのです。ファクトとオピニオンを区別せずに情報を受け取ると、間違った解釈をしてしまったり極端な意見に誘導されてしまったりして、物事の本質を見ることができなくなってしまうのです。そうならないためには、ファクトとオピニオンを見わける訓練をしなければなりません。

アメリカでは小学生のうちからファクトとオピニオンを見わける訓練を行っています。さまざまな例文を読みながら、なぜそう思うのかという理由を述べつつ、これはファクトかオピニオンか判断するという訓練を幼いころからしているのです。

ファクトとオピニオンを区別すると、物事の本質を見極めることができ、一つの事実に対して解釈がたくさんあると知ることもできます。それによって、「人の意見はそれぞれで、どれが正しくて正しくないかではなく、いろいろな意見があっていいのだ」と思えるようになります。

前述したように、2020年度の共通テストでは、英語で「ファクトorオピニオン」をテーマにした問題が出ました。「意見は人それぞれ違う」ということを理解できるようになると、相手の意見を尊重しつつ、自分の意見も伝えられるようになります。これは、グローバル社会において必須の能力です。

誰にでも伝わる書き方を身につける

最後に「表現力」についてです。表現力の評価は記述式になるため、採点の問題から今回の共通テストでの導入は見送られました。しかし、私立大学の入試や国公立大学の二次試験では記述式の問題も多く、「表現力」が重視されている点に変わりはありません。

「表現力」とは、意見や情報など自分が伝えたいことを正しく相手に伝える力のことです。人は誰でも一人では生きていけません。いろいろな人とコミュニケーションをとりながら、生活をしています。表現力が豊かな人は自分の意見や考え方をしっかり相手に伝え、周囲と調和を図ることができます。

また、伝えたい情報や知識を相手に合わせてわかりやすく説明できます。そのため周囲の人もコミュニケーションがとりやすく、よい人間関係を築けるようになります。

一方、表現力が乏しい人は、事実と自分の推測や意見を整理せずに話します。すると、相手は話の内容が事実かどうか判断できないため、正確なことが伝わらないだけでなく、誤解を招いて人間関係のトラブルが起きやすくなります。

相手に正確に伝えるために必要なのが、「わかりやすさ」です。たとえば、仕事でお客さんからクレームがあったという報告をするとき、「先ほど、○○さんという方から届いた商品が破損していたという連絡があって、運送会社の△△に問い合わせてみたところ、その商品を発送しているのは別の運送会社の××だということで……」と長々と説明されたらどうでしょう？

これは些細なトラブルの事後報告なのか、それとも重大なトラブルで今すぐ対応しなければいけないのか、判断することができません。聞いていてイライラするばかりで、「やっぱり、この人は使えないな」と評価が下がってしまうかもしれません。

このように、話が長くてまとまりがなかったり、まわりくどかったりすると、「結局、何が言いたいのかわからない」「話を聞いても疲れるだけ」と思われてしまい、この人とは一緒にいたくないと避けられてしまうこともあります。

人に何か伝えたいときは、相手が理解しやすいように、わかりやすく伝えることが大切です。伝わるコミュニケーションを行うには、人に伝えるための「型」を身につけておくことです。英語をはじめとする多民族国家の言語には、伝えるための「型」が存在します。たとえば、エッセイを書くときにアメリカなどでよく使われているのが、「ファイブパラグラフエッセイ」です。

ファイブパラグラフエッセイはその名の通り、5段落から構成されるエッセイの型を言います。順番は次の通りです。

1．イントロダクション（序論）
2．ボディ・パラグラフ1（本論1）
3．ボディ・パラグラフ2（本論2）
4．ボディ・パラグラフ3（本論3）
5．コンクルージョン（結論）

まずイントロダクションでテーマを提示します。たとえば、「CO_2がなぜ地球温暖化に影響を与えるのかを考えてみたい」といったように、何について書くのかを先に伝えておきます。次にその根拠を3つあげます。

たとえばボディ・パラグラフ1では「最近、このような説がある」とイントロダクションの主張に対する根拠を述べます。ボディ・パラグラフ2では「このようなデータがある」と事実に基づいた根拠を示します。

このときに大事なのが、先にお伝えしたファクトかオピニオンかをしっかり区別しておくこと。説得力を持たせたいなら、できるだけファクトをあげるようにします。

ボディ・パラグラフ3では「それに対してこんな意見もある」と反論に対する根拠を用意しておきます。物事を俯瞰的な視点で見るためです。このように、3つの根拠を示すことで、説得力のある内容にするのです。

そして最後のコンクルージョンでエッセイ全体をまとめます。ここで重要なのは、結論をあいまいにしないこと。結論がしっかり書かれていないと、読者は混乱し、結局、何が伝えたかったのかがわからなくなってしまうからです。

伝える相手は日本人だけではない

では、なぜこのような型が必要なのでしょうか。型どおりに書けばうまい文章が書けるから？ そうではありません。このような型がなければ、相手に伝わらないからです。

アメリカのように多種多様な民族が暮らしている国では、このような文章の型を共通認識としてみんなが持っていることが不可欠です。これがあると、読み手は論理構成以外の内容に集中して理解することができます。

はじめにテーマが書いてあると、「このエッセイはこれについて書かれているのだな」

ということがわかり、安心して読み進めていくことができます。これは会話でも同じです。アメリカなどの多民族国家では、このような型が必要不可欠なのです。

一方、日本ではこのような「型」を身につける機会はありませんでした。型に当てはめなくても、「同じ日本人なんだから伝わるはず」という思いがあるのでしょう。また、日本人特有の相手の気持ちを〝察する文化〟の影響も大きいと思われます。

ところがグローバル社会といわれる今、私たちは日本人以外の外国人と一緒に学んだり、働いたりする機会が増えています。また、今後日本の少子高齢化がさらに進むと、外国人の手を借りなければ日本は成り立たなくなるでしょう。

こうした状況の中、いつまでも相手が「察してくれる」と思っていてはいけません。日本人が世界に打って出ようと思うのならば、誰もが理解しやすい「伝える型」を身につける必要があるのです。

新しい大学入試で「表現力」を求めるようになったのは、記述の中身だけでなく、相手の理解しやすい言葉と型を使って伝えているかどうかも見ているのです。

相手の心をつかむ志望理由書とは

表現力が上達していくと、相手にわかりやすく伝えるだけでなく、相手の心に届く伝え方ができるようになります。人生にはいくつかの「ここぞ」という大事な場面がありますよね。たとえば、受験や就職活動などがそうです。

これらの大事な場面では、自分の考えを相手に的確に伝えるだけでなく、人とは違ったキラリと光る個性を表現する必要があります。そうでなければ、その他大勢に埋もれてしまうからです。

総合型選抜では、出願時に提出する自筆書類がとても重要です。特に志望理由書の比重は大きく、志望理由書の評価が合否に大きく影響します。志望理由書は、「入学したい」という気持ちを説明する文章です。大学での活動への期待や、そこで何を学び、何をしたいか、自分の未来について語るものです。

志望理由書の作成は、まず大学について正確に把握することから始めます。自分がその大学で何を学びたいかを語るには、大学の考え方や学部の構成、キャンパスの雰囲気などを知っていなければなりません。

総合型選抜は各大学が掲げるアドミッションポリシーと合致しているかどうかが判定基準なので、まずはアドミッションポリシーをしっかり読み込むことが重要です。大学が求めている学生のイメージをつかみ、自分の中でどの要素が合致しているのかを考えます。

志望理由書は、「自分のやりたいこと」→「この大学で学ぶ理由」という流れで説明をするのが一般的です。「自分のやりたいこと」は、過去の出来事や経験を交えて説明をすると個性を出すことができます。

その過去からなぜこの分野に関心を持つようになったのか、その分野を学ぶのになぜこの大学を選んだのかを説明します。そのときに、どの大学でも学べるような内容では相手の心をつかむことはできません。「この大学でなければダメなんだ！」という明確な理由と〝本気〟が伝わる文章でなければ、相手には響かないでしょう。

そして最後に、志望大学で4年間学んだ成果としての自分自身の将来像や、大学で身につけた力を社会でどう生かすかというビジョンを提示して締めくくります。

就職活動で志望動機を語るときも同じです。自分の思いを伝えるには、まず相手（企業）

のことをよく知り、そのうえで「自分のやりたいこと」と「この会社で働きたい理由」を伝えます。このように、志望理由を明確にして、相手に響く言葉で伝えることが選ばれる秘訣なのです。

思考力・判断力・表現力を測る「明日の学力」診断（「あすがく」）

さて、ここまで「思考力」「判断力」「表現力」の伸ばし方についてお伝えしてきました。学校でも同様に取り組んでいくことになりますが、1クラスに生徒が約40人いるなか、先生が一人ひとりの力のつき具合を見ていくのはなかなか難しいでしょう。

成績表の評価には「思考・判断・表現」がありますが、正しく評価できているかは疑問が残ります。こうした学校の問題点を考慮して、民間の教育サービス企業が新たな取り組みを始めています。

「あすがく」は、教育サービス企業の学研のグループ会社「文理」が始めた「明日の学力」を診断するアセスメントです。情報機器やインターネットの発達で、子どもたちには知識の多さだけでなく、新しい事柄や課題について自分なりに考えて解決しようとする意欲（＝

学ぼうとする力）と、知識を活用して解決の方法を考えて実行する力（＝学ぶ力）、新しく獲得した知識（＝学んだ力）の3つの力が必要になるとしています。

この力は、新学習指導要領で提示されている3つの力と言い方は違いますが、中身は同じです。このアセスメントでは、これら3つの力を「明日の学力」と定義しています。

「あすがく」は小学校1年生から中学2年生までを対象に、この3つの力の測定を行っています。一般的な学力テストの目的は、学習内容の定着度を測定することで、正解・不正解の採点になります。すると多くの子どもや親は、成績表に並ぶ得点や偏差値、順位を見て一喜一憂します。

このようなテストでは、不得意分野を発見することはできますが、子どもたちがどのような学習方法で不得意分野を克服していけばいいのかの道標は示してくれません。自立している子であれば、自分で考え解決していくことができますが、そうではないその他大勢の子は、やりっ放しで終わってしまいがちです。

「あすがく」では、「得た知識の量」ではなく、「どれだけ将来に役立つ力が身についているか」という視点で診断し、次に何をすればよいのか具体的なアドバイスをしています。

教室名
あすがく塾　五反田教室

名前
あすがく　理

↓受検番号シール↓

名前
あすがく 理

会員番号（塾内番号）
005

4

(1) ① 1日の平均利用人数　② SF
③ ミステリー　④ 最新

GOOD! 『グラフ1』に着目できています。

GOOD! 『グラフ2』に着目できていますね。

GOOD! アンケート結果からmysteryをしっかり読み取れていますね。

GOOD! Cathyの英文コメントがきちんと理解できていますね。

(2) New science technology books.

おしい 図書館のよいところが書けましたね。条件に合った英文を書くようにしましょう。英文を書いたあとは必ず見直して，ケアレスミスをなくすようにしましょう。

5

(1)

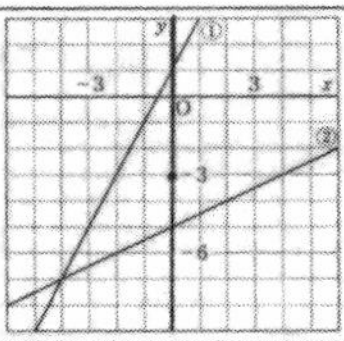

GOOD! 正しい直線をかくことができました！直線③の式からy軸との交点も理解できています。

(2) 言葉　平行

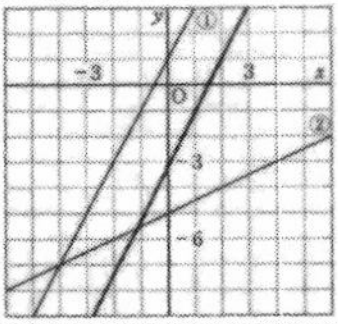

GOOD! 正解です！　会話の内容を正確に理解できていますし，関数のグラフもかけています。

(3) 1、2、3、4、5、6

おしい 正解と正解でないものが書かれています。②と平行なときも三角形はできませんよ。

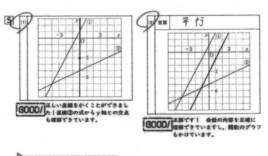

「あすがく」の採点結果（例）

学ぶ力・学んだ力調査　解答用紙

採点結果とアドバイス　アドバイスを読んで，復習しましょう！

■

2018年　「明日の学力」診断

中学2年　　学ぶ力・学んだ力 調査　　解答用紙

1

(1) イ　**解き直そう** 倍率を2倍にすると，見える範囲が4分の1になるならば，倍率を4倍にするとどうなるかと考えることがポイントです。

(2) エ　**GOOD!** 西暦の数え方についてきちんと理解できています。西暦「0年」がないこと，西暦1年～100年が1世紀になることを覚えておきましょう。

(3) ウ　**GOOD!** 正解です！　1円あたりの面積を求めて比べることができましたね。その調子ですよ。

(4) う　**おしい** 内容だけではなく，前後のつながりもみましょう。ビートルズに加入する前の様子がわかる文なので，必要です。

2

(1) 記号 イ　理由 海ぞいだから

GOOD! 正しい国が選べました。資料にでている国が海に面していることによく気がつきました。カナダも高緯度にある海に面している国です。

(2) 1985年より2005年のほうが1キロあたりの価格が安くなり輸入量が増えた。

おしい 輸入量の変化を数値をていねいに読み取って記述すると得点に結びつきます。価格の変化もていねいに読み取ると得点に結びつきますよ。

3

(1) Green Park

GOOD! Tomさんの発言をしっかりと読み取れましたね。

(2) 記号 イ　理由 アイスクリーム屋があるし、その通りから湖が見えるから。

GOOD! イを選んだ理由をきちんと書くことができましたね。Tomさんは「Green Parkのほかにも良い場所はありますか」とたずねています。イの通りでは，駅からGreen Parkへ向かう途中にice cream shopに寄ることができます。

「それってずいぶん過保護なサービスだね。そんなことをしていたら、余計に自分で考えなくなるんじゃない？」と思う人もいるかもしれませんが、こうした力はどれだけ伸びているか自分で測定するのは難しいものです。

また、減点されていた場合、何か足りなかったのかがわからないと、次にどうしていいのかがわかりません。次に生かすためのヒントとしてアドバイスをしているのです。

「強み」と「足りない力」を確認できる

「あすがく」では、日ごろ子どもたちが体験しそうな身近な場面をテーマに出題しています。子どもたちの関心を引き出すためです。また、正解が一つでないことが出題の特徴です。

私たちが暮らす社会は、常に問題や課題であふれていますが、正解が一つしかないものもあれば、いろいろな考え方があって正解が一つでないものもあります。

特に未来については誰も正解がわかりません。こうした社会の課題と同じように、いろいろな考えを尊重する問題を出題しています。

評価内容

「明日の学力」診断では，以下の項目を測ることができます

学ぶ力・学んだ力			
知識	思考力・判断力・表現力の活用のベースとなる，教科の基礎的な知識や処理力		
思考力	知識や与えられた情報をもとに，一般的な解釈や分析などにより，内容を理解する力	分析	情報を細やかな要素に分けて，わかりやすくする力
		整理	複数の情報を，規則に従って並べ替えたり，配置したりする力
		理解／把握	資料や条件に含まれる情報を，理解・把握する力
判断力	情報から自分の考えで仮説や推論を立て，解法などを選択・評価して問題を解決する力	比較／関連	２つ以上の情報や条件を，比較・分類したり，関連づけたりする力
		選択／評価	適切な解法や表現方法を選択したり，とり入れたりする力
		仮説／推論	情報から，自分の考えを打ち出すことができる力
表現力	思考力・判断力を踏まえ，相手にわかる形で構成し，伝える力	構成／論証	思考・判断したことの内容をもとに，筋道を立てて構成する力
		伝達	自分の考えを自分の言葉で相手に伝える力

学ぼうとする力
学ぶ意欲や学びを生活やまわりとのかかわりに活かそうとする力，学習方法，学習習慣，および自分の学び方や学力に対する自己評価を診断。子どもの学習行動の特徴を把握することができる。

採点は「○」か「×」だけでなく、どこまでできていて、何が不足しているか添削しながら行います。そのときの評価基準になるのが、「あすがく」独自の観点です。

「あすがく」の診断では、「学ぶ力・学んだ力」調査と「学ぼうとする力」調査という二つの診断に基づき、学びのアドバイスをします。「学ぶ力・学んだ力」は、「知識」「思考力」「判断力」「表現力」の4つの力を評価対象にしています。「学ぼうとする力」は、学校、塾、家庭における学習意欲や学習習慣・学習方法・自己評価を測定します。

では、どのような問題でこれらの力を測るのでしょうか？　小学6年生と中学1年生を対象にした問題例を見てみましょう。

小学6年生を対象にした問題

ひろとさんは，「アサガオのつぼみに光が当たれば花がさく」と考え，部屋で次のような実験を行いました。

【実験】同じくらいの大きさのアサガオのつぼみを切り取り，次のａ～ｃのように置きました。このとき，部屋の温度は２０℃に保《たも》ちました。
a. 切り取ったアサガオのつぼみを，水を入れた容器にさしておき，部屋の窓《まど》のそばに１日中置く。
b. 切り取ったアサガオのつぼみを，空の容器にさしておき，部屋の窓のそばに１日中置く。
c. 切り取ったアサガオのつぼみを，水を入れた容器にさしておき，部屋で１日中照明に当てておく。

【実験】の結果，aではアサガオの花がさき，b,cでは花がさかず，つぼみはかれてしまいました。

⑴ 【実験】の結果から，アサガオの花がさくために何が必要だと考えられるか書いてみましょう。（答えは一つとはかぎりません。）

⑵ アサガオは，気温が２５℃以上になると，花のさく時刻《じこく》がおそくなると言われています。このことを確かめるために，上の【実験】のほかに必要な実験を書いてみましょう。

小学6年生の問題は、アサガオを咲かせる実験から条件や実験方法を説明する力を測っています。「実験の条件を分析する力」では「思考力」を、「適切な実験方法を設定する力」では「判断力」を、「実験方法をわかりやすく説明する力」では「表現力」を診断します。

中学1年生の問題は、学校についての要望に対して、賛成または反対を選び、その理由を論理的に書く力を測っています。この問題の狙いは、三つの要望のうち一つを選び、賛成する理由、または反対する理由について説得力をもって相手に伝えることができるかで、どれを選んでもかまいません。

中学1年生を対象にした問題

「明日の学力」診断 **問題例** 中学1年

思考力 判断力 表現力

●**要望に対して賛成または反対を選び，理由を論理的に書くこと！**

ねらいは，『3つの要望のうち1つを選び，賛成する理由または反対する理由を論理的に書くこと』。この問題では，**「3つの要望の特性を理解する力」＝思考力，「意見を支える理由を選ぶ力」＝判断力，「自分の言葉で書く力」＝表現力**を診断します。

ある中学校でアンケートをとったところ，生徒から次のような要望が出ました。どれか1つの要望を選び，その要望について，賛成か反対のいずれかの立場になって，その理由を書いてみましょう。

要望1：学校図書館にまんがや雑誌を置いてほしい。

要望2：快適に勉強できるように，エアコンを完備してほしい。

要望3：新しい運動部または文化部（クラブ）を作ってほしい。

要望 [　　] 1～3のうち1つを書きましょう。　[賛成　反対] どちらかを丸で囲みましょう。

理由

解答例 要望1　（賛成）

理由　学校図書館にまんがや雑誌を置けば，図書館に来る人が増えると思うからです。最初はまんがや雑誌が目的でも，ほかのいろいろな本にも出会うことができます。まんがや雑誌をきっかけにして，本を読む人が多くなると思うので，私はまんがや雑誌を置くことに賛成です。

塾内番号 10055599902
学 年 中学２年

れから伸ばしたい力

思考力

るようにしていきましょう。４つの
意見や考えを組み立てる「判断力」
の成果ですね。ただ，「思考力」は
らの学力アップにむけて，右の「明
ましょう。

思考力

整理

整理/把握

前回の記録

	あなたの得点率
総　合	60
知　識	80
思考力	49
判断力	61
表現力	48

力」調査の結果はすばらしい結果とな
極的に自分から進んで学習に取り組んで
ります。
調子でがんばりましょう。

生の話を集中して聞くこと

こと

言葉が出てきたら，国語辞典や
どで調べること

明日の学力　診断結果

学ぶ力・学んだ力 × 学ぼうとする力 による，さらに学力アップに向けた診断です。

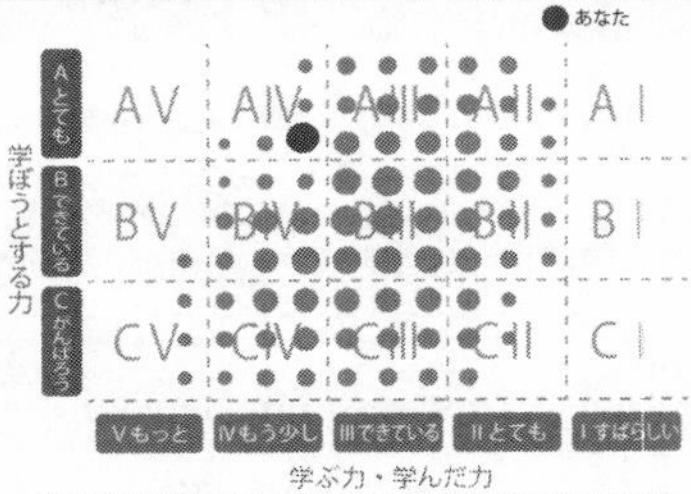

あなたはAIVタイプです。

意欲も高く勉強の習慣ややり方も身についてきています。この調子で学習を続けていけば，学力もついていきます。

学力をのばすための あすがく理さんへのアドバイス

思考力アップにむけて　まずここから取り組んでみよう！

思考力のアップにむけて，自分なりにこれまで学習したことの関連を考えながらノートのとり方を工夫してみましょう。

授業中，黒板に書かれていることだけでなく，これまで学習したことを思い出しながら，関係があるなと思ったことを書きとめたり，ここは大切だなというところや疑問に思ったことを，後から見直す事ができるようにするなど，ノートのとり方を工夫してみることで，いろいろなことを関連づけて考えていく力がついていきますよ。

これからも続けていこう

聞いている人にわかりやすく伝わることに気をつけて，発表内容や発表資料を工夫してみましょう。

自分の思っていることや考えていることを発表することはしっかりできています。表現力を高めるために，聞いている人，見ている人に，どう伝えたらわかりやすいか考えて，自分なりに工夫してみてください。

地域や社会で起こっている出来事に関心を持って，新しい知識をどんどん吸収していこう。

日頃から新聞やニュースを見たり，まわりの人と話をする中で，地域や社会で起こっている出来事に関心を持つことができていますね。その姿勢で，わからないことは辞書やネットで調べたり，先生や家族の人に聞いて，新しい知識を吸収していきましょう。

「あすがく」の評価表(一部)

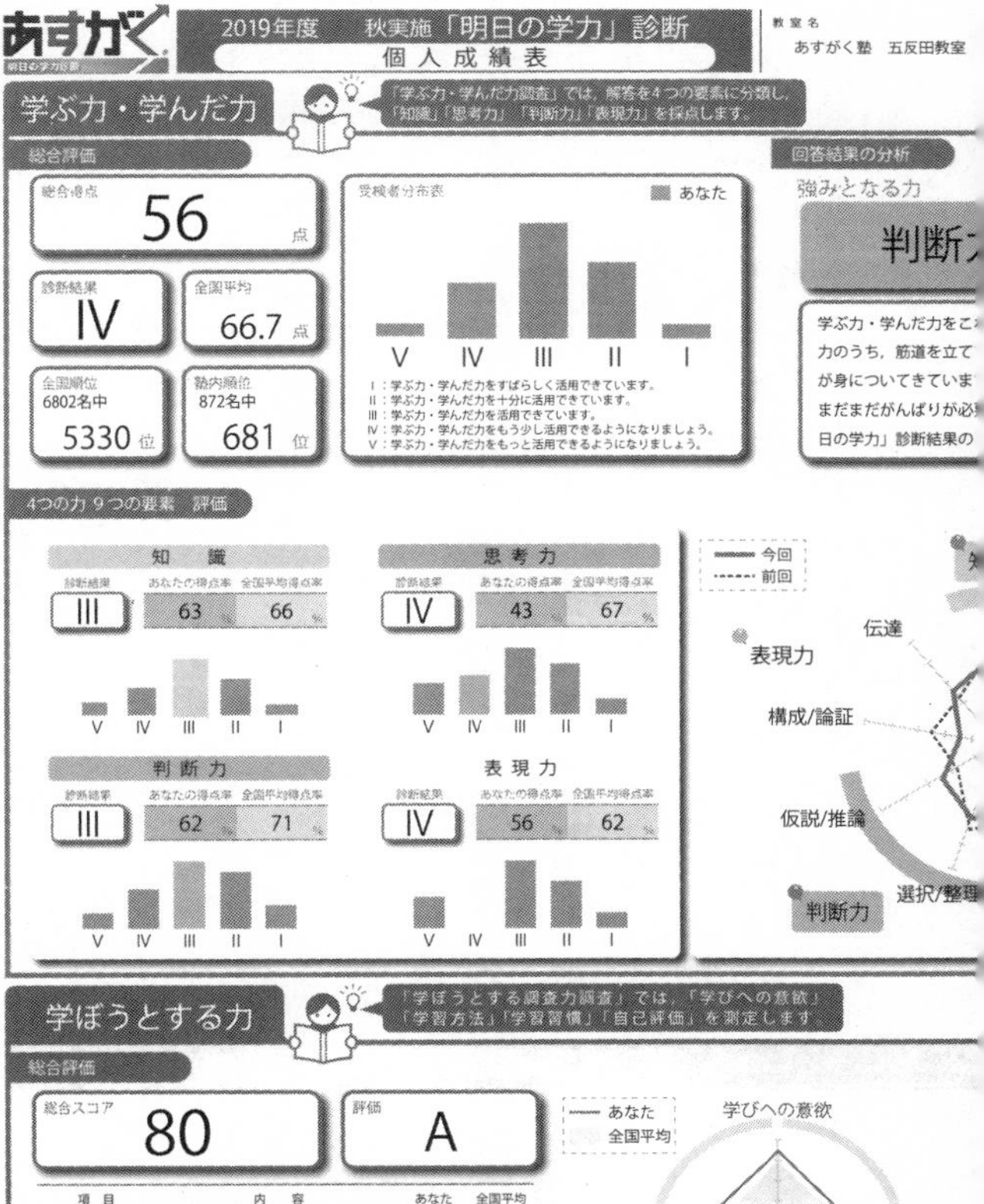

項目	内容	あなた	全国平均
学びへの意欲	学ぶ意欲や学びを生活やまわりとのかかわりに活かそうとする力	89.1	83.2
学習方法	学力をあげるためにしていること	86.8	75.7
学習習慣	学習生活習慣	69.6	76.8
自己評価	自分の学び方や学力に対する自己評価	83.9	75.6

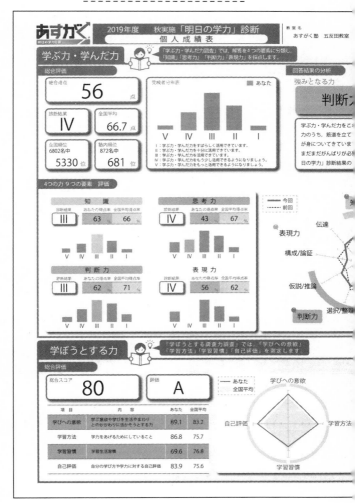

正解が一つではないというのは、「あすがく」の特徴でもあります。この問題では、「三つの要望の特性を理解する力」で「思考力」を、「意見を支える理由を選ぶ力」で「判断力」を、「自分の言葉で書く力」で「表現力」を診断します。

「あすがく」は年2回の学びの健康診断です。診断結果では、「学ぶ力・学んだ力」を測るときの対象となる「知識」「思考力」「判断力」「表現力」の力がどのくらい身についているかをパーセンテージで表します。

それらは図で〝見える化〟され、「強みとなる力」と「これから伸ばしたい力」を知ることができます。強みとなる力はさらに伸ばし、足りない力は特に何が不足しているかを細かく見ていきます。たとえば思考力が不足している場合、「分析」「整理」「理解・把握」のうち何の力が足りないかを確認できるので、それを補う学習をしていきます。

学校もこれらの力を伸ばそうという気持ちは持っていますが、ここまで手厚くサポートすることは難しいのが現実です。「『思考力』や『表現力』が大事だというのはわかるけど、どうやって確認すればいいのかわからない」「指標が見えない」という場合には、こうした民間の教育サービスを活用するといいでしょう。

第4章

学校は新時代の教育に対応できるのか

大きく変化した新しい教科書の中身

２０２１年からの新学習指導要領に対応した中学1年国語教科書（光村図書）の最初のページでは、1年間でどんな学習をするかが「学習の見通しをもとう」としてまとめられています。このページでは、それぞれの教材についてどんな知識や技能を習得し、どのようにして「思考力」「判断力」「表現力」を伸ばしていくかが明記されています。

教科書には物語文があったり、説明文があったり、詩があったりと内容的にはこれまでと同じですが、一つ大きく違うのは、各章の終わりに必ず「思考力」「判断力」「表現力」を伸ばすためのページが設けられている点です。

たとえば「新しい視点で」というテーマを設定している第2章では、『ダイコンは大きな根？』（稲垣栄洋）、『ちょっと立ち止まって』（桑原茂夫）という二つの説明文を学習した後、「思考のレッスン」というコーナーで、「意見と根拠」について学習します。

話を聞くときや文章を読むときには、話し手や筆者の意見が何に基づいているのか、その意見の根拠をたしかめることが大切です。また、自分が話すときや書くときにも、自分の意見がどのような根拠に基づいているかを明確にしておく必要があります。

根拠には、個人的な思い込みや決めつけではなく、客観的な事実や信憑性の高い情報、データを示した方が説得力があります。根拠をそろえるだけでなく、それがどう意見と結びつくか伝える練習をします。

次に「話の構成を工夫しよう」というテーマで、スピーチのやり方を学びます。魅力的なスピーチをするには、スピーチの目的と自分の伝えたいことを明確にする必要がありま す。また、聞き手を想像して話の内容を整理したり、話す順番を工夫したりして、相手に伝わるようにすることが大切です。授業では実際にスピーチの練習をします。

最後に「情報社会を生きる」というテーマで、情報の集め方や読み取り方を学習します。何か知りたいことがあるときは、どのようにして情報を集めればいいか、目的に合った効果的な情報の集め方と活用の仕方を学びます。さらに、表やグラフなどのいろいろな情報の読み取り方を学習します。

一つの章の中で、これだけ多くのページが「思考力」「判断力」「表現力」を伸ばすために割かれていることに驚かされます。

数学も「実生活にどう役立つか」を重視

数学の教科書も、同じように「思考力」「判断力」「表現力」を伸ばすことを意識した内容になっています。おもしろいのは、教科書の最初に「大切にしたい数学の学び方」というページがあることです。

数学で習う因数分解や関数などの内容は、世の中に出ると何の役にも立たないと主張する人がいます。特に文系出身の人はそう思いがちです。しかし本来、学びとは実生活にいかしていくべきもの。そこを改善しようと、新しい教科書では実生活とのつながりを意識した内容になっています。

たとえば、新しい数学の教科書では、はじめにこう書かれています。

「数学の学習では、これから出会うさまざまな問題を、まず自分で考え、ほかの人と伝え合って解決していきます。そのなかで必要な知識や考え方を身につけ、ほかの場面でも使えるようになりましょう」

この一文を読んだだけでも、「数学とは実生活に活用していくもの」というメッセージが伝わってきます。

各章の扉のページにも工夫が見られます。たとえば「関数」の章では、ジェットコースターのイラストと、「ジェットコースターが進む距離は、時間にともなってどのように変化するでしょうか。ここでは比例や反比例、1次関数ではとらえられない関数について調べ、問題解決に利用する力を身につけていきましょう」という導入文があります。

子どもたちにとって身近なジェットコースターを例に、興味を引こうとしていることがうかがえます。

「図形の性質」の章でも、扉のページにタブレットの地図画面を拡大しているイラストがあり、「タブレットで地図を拡大するとき、その画面はどのように拡大されるでしょうか。ここでは、小学校での拡大図や縮図の学習をもとに、形が同じ性質を詳しく調べ、直接はかることが難しい長さや角度を求める方法について、考えていきましょう」という導入文から学習が始まります。

どちらの章も、まずは自分で調べたり考えたりして理解を深め、それを実生活の問題解決に役立てよう、というメッセージになっています。その後は、各章で学習する内容の定義を学び、基礎問題から応用問題へと発展していきます。このあたりは従来の教科書と同じですが、できるだけ身近な事象を使って考えさせようとしているのが見てとれます。

さらに、章末には「学びをひろげよう」というコーナーがあります。たとえば渋滞学の研究者のインタビューを載せて、どのようにして数学で考えるかを解説しています。

次のページには車の流れをモデル化し、渋滞を解消する方法を考える問題を出しています。まさに、実生活につながる問題解決です。このように、身近なものと数学をつなげる事例が、あちこちに見られる構成になっているのです。

授業以外の仕事で疲弊させられる先生たち

新しい教科書では、思考を深めるためのさまざまな工夫が見られました。同じように、1年先行して新学習指導要領がスタートしている小学校の教科書にも変化が出ています。

さらに、2022年からは高校の教科書の内容も変わります。

2020年度からは大学入試も変わりました。こうして見ていくと、この新しい教科書を使って学習していけば、これからの社会に必要とされる「思考力」「判断力」「表現力」が伸びていくだろうと期待が持てます。

教科書も大学入試も変わったのなら、今度こそ従来の知識重視型の教育から脱することができそうだと思うでしょうが、一方で私はそう簡単にはいかないだろうとも考えています。なぜかというと、現場の先生たちがこの流れにまったく追いついていないからです。

まず問題なのが、先生の仕事の多さだと思います。「ブラック教員」「ブラック学校」という言葉を聞いたことはないでしょうか。2018年にOECD（経済協力開発機構）が、48カ国の中学校教師に勤務環境のアンケートを行った「国際教員指導環境調査」によると、日本の中学校教師の仕事時間は週56時間で、全体平均の38・3時間を大幅に超過していることがわかりました。ところが、その中身を見てみると、授業にあてる時間は全体平均の20・3時間に対して、日本は18時間と少なめ。つまり、授業以外の仕事に多くの時間がとられているということです。

たとえば、週あたりの課外活動指導（部活動）時間は、全体平均の1・9時間に対して日本は7・5時間。一般的な事務時間は、全体平均の2・7時間に対して日本は5・6時間となっています。日本では授業も学校行事も部活動も先生が担っていますが、他の国では、そもそも部活動というものがなかったり、あったとしても学校ではなく地域のクラブチームが担ったりしているため、先生は授業づくりに集中することができます。

ところが日本では、学校によっては平日の放課後はほぼ毎日部活動があり、部活動によっては土日も指導や大会があります。先生は休む暇もありません。

「生徒のため」が長時間労働につながる

このような状況で、さらに追い打ちをかけるのが保護者の対応です。現場の感覚からいうと、少子化で子どもの数が減ってきた20年くらい前から過保護な親が増えてきたように感じます。友達とトラブルがあったり、クラスの担任の対応が悪かったりすると、その都度文句を言いにくる親がいます。

以前は学校のことはある程度、先生に任せてくれていたところがあったと思いますが、近ごろは何でも学校に口出しをする親が本当に増えています。もちろん、学校に非がある場合はきちんと対応しなければいけませんが、そうではない理不尽なものもかなり含まれているのです。先生たちは、その対応で多くの時間がとられるようになりました。

また、高い授業料を払う私立の学校では勉強をしっかり見てほしいと、手厚いサポートを求める親が増えました。こうした要望に対応して、放課後や夏休みなどに補習や補講を行う学校が多くなりました。これらすべてを先生が請け負うことになったのです。

教師になりたいと思う人は、基本的に人の役に立ちたい、生徒たちの成長を見たいという気質があります。こうしたマインドがあるため、教師は「生徒のためなら」と頑張り、ひいては長時間労働を受け入れてしまうのです。「大変だけど、やらざるを得ない」というのが、今の学校の働き方になっています。

コロナ禍で浮き彫りになった学校の問題

さらに困った事態が起こりました。新型コロナウイルスの登場と感染拡大が、学校現場に大きな変化をもたらしたのです。

学校に生徒が来て先生が授業をするという、これまで誰もが当たり前と思っていた日常が失われ、生徒が目の前にいない状態で教育活動を行うという、これまで経験したことのない事態に直面したのです。

新学習指導要領における三つの柱の一つに、「未来の状況にも対応できる思考力・判断力・表現力」がありますが、まさにその通りのことが起きたというわけです。

2020年3月に休校を余儀なくされてからは、現場は課題が山積みでした。卒業式はどうする？ 入学式はどうする？ といったことから始まり、新学期の授業をどうするかが最大の課題になりました。

いち早くオンライン授業に切り替えた私立学校もあれば、対応に遅れた私立学校もありました。公立校についていえば、ほとんどが課題を出しただけというところが多かったようです。その間も先生たちは学校に行き、いろいろな対策に追われていました。コロナ禍初期の対応は、いずれにせよ決してスムーズとはいえなかったと思います。今回の一連の対応を見て、学校という場所は変化が苦手だということをあらためて感じました。

コロナ禍で浮き彫りになった学校の問題点は次の3つです。

一つ目は「意思決定の弱さ」。2020年2月、大型客船のダイヤモンド・プリンセス号で新型コロナウイルスの感染が発覚し、いよいよ日本も感染の拡大が危ぶまれるようになりました。学校における感染症の対策は、これまでも毎年のように流行するインフルエンザで経験済みですが、新型コロナウイルスの感染力はそれを大きく上回ることが予測され、どの学校でも今後の対策に頭を悩ませていました。状況によっては休校になるかもしれないと予測していたはずです。

それでも意思決定をすることはなく、教育委員会や文科省の方針が出るのを待っているだけの状況でした。3月を休校にすれば、学年末試験、それにともなう成績表の作成、卒業式といった大事な行事がなくなります。それによって、どのような影響が出てくるのか、考えれば考えるほど、責任が重くのしかかり、決断ができずにいたのです。

そんな中で国から一斉休校の要請が出て、正直胸をなで下ろした学校は少なくなかったと思います。「国が決めたことだから」という大義名分ができたからです。

「これからの教育は、『未来の状況にも対応できる思考力・判断力・表現力』を育むことだ」と言っているのに、それを教育する学校が何にもできずにアタフタしているだけ。未知の状況に対して、意思決定ができないのが今の学校の実態だと感じています。

その理由は、「リスクをとる」というマインドに乏しいからです。大学を卒業して教師になった途端、生徒からも保護者からも「先生」と呼ばれる教師は、ある意味で特殊な職業です。なかには一度、別の仕事をしてから教師になる人もいますが、多くの教師は社会経験をせずに「先生」になります。クラスをよくするためにはどうしたらいいか、といった学校内の問題を解決するための訓練はしていますが、それ以外の経験になると途端に乏しいというのが現実です。

また、教師はそれぞれのクラスと教科を受け持っているので、組織に所属しながらも、どこか個人経営者のような面があります。そのため、自分の担当範囲については頑張るものの、組織全体のことをよくしよう、問題を解決していこうと考える力が不足しているように感じます。個々の教師が「意思決定」をするのが困難な組織構造なのです。

先生と生徒の間にある「デジタルギャップ」

二つ目は「ＩＣＴ活用の遅れ」です。近年、教育現場にタブレットなどのＩＣＴを促進する動きは出ていましたが、実際に十分なＩＣＴ環境が整っている学校は私立学校でも約半数。残りは導入の途中段階という状態でした。公立の学校に関していえば、ほとんどがまだ手つかずという状態でした。

そんな中、コロナ禍でオンライン授業をやらなければいけない状況になり、多くの学校は混乱に陥りました。公立の学校に関しては、そもそも校内に通信環境が整っていなかったり、各家庭の回線速度の問題があったりと、ハード面を整えることから始めなければなりませんでした。

一方、私立学校では環境は整ってはいても、うまくいっていた学校と後れをとってしまった学校の二極化が見られました。うまくいかなかった理由として挙げられるのがＩＣＴ担当者の不足です。私立、公立にかかわらず、多くの学校にＩＣＴの専門家はおらず、学校の中でパソコンに詳しい人がＩＣＴ担当に任命されます。

しかし、この人たちもプロではありません。自分の仕事を抱えつつやっているので、すべての先生の質問に対応はできません。本格的なＩＣＴ化を目指すのであれば、それを専門とする人の力を借りなければ難しいでしょう。

それ以前に、「教師のＩＣＴに挑戦するマインドの低さ」という問題もあります。20代、

30代のデジタルネイティブ世代はＩＣＴの可能性を感じ、積極的に取り入れていますが、ベテラン教師はＩＣＴに関して腰が引けている状況です。

「やはり教育は対面に限る」「インターネットに頼らず、自分で調べるべきだ」などの理由をつけては、やらない方向へと持っていきたがります。

理由は、生徒に弱みを見せたくないからです。私もベテラン教師たちと同じ世代なのでよくわかりますが、教師になったころに先輩によく言われたのが、「生徒に一度なめられたら、二度と言うことを聞かなくなるぞ」ということでした。

生まれたときからインターネットがあったデジタルネイティブ世代を前に、慣れないパソコンを使っていたらバカにされるに違いない。そんなネガティブな気持ちが、前へ進むことを拒んでいるのです。

しかし、今回のコロナ禍でそんなことは言っていられない状況になりました。コロナを肯定するつもりはありませんが、なかなか進まなかったＩＣＴが一気に広がったのは、コロナ禍がもたらした唯一の功績ではないかと思っています。

「学問」と「勉強」は何が違うのか？

しかし、オンライン授業を導入してはみたものの、それが生徒たちにとって効果的だったかというのは難しい判断になります。三つ目の問題は「一方通行型の授業」です。「アクティブ・ラーニング」という言葉が教育界で広く使われるようになりましたが、それは先生が一方的に授業を進めるのではなく、生徒が活発に発言したり、質問したりできる双方向型の学びのことです。こうした学びを通じて、自ら考え、発言できる人に育てていく狙いがあり、多くの学校で取り入れられてきました。

しかし全体から見れば、今も一方通行型の授業が中心であることに変わりはありません。そのような授業がスタンダードになっていると、オンライン授業でも先生が一方的に勉強を教えようとします。しかし、みなさんもオンライン会議などで経験されたことがあるかと思いますが、誰か一人が話しているのを一方的に聞いているのは退屈に感じるもの。集中して聞こうと思っても、話がよほどおもしろくなければ15分くらいしか集中できないのではないでしょうか。

では、対面授業なら受け身でも集中できるのかといえば、たいして変わりはありません。先生に怒られたくないから、聞いているふりをしている子がたくさんいるだけです。しかしたとえ一方通行でも、生徒が頭を動かして考える授業もあります。両者の違いは何かといえば、「学問」か「勉強」かの違いです。

「これはこう」「ここは大事だから覚えといて」と知識を教えるだけの授業は「勉強」ですが、同じように知識を教えるにしても、「なぜ?」「どうやって?」と問いのある授業は「学問」です。学校の授業がつまらないと言われてしまうのは、授業が「勉強」になっていて、そこに問いがないからです。

特にこれをオンラインでやってしまうと、退屈さが増してしまいます。そのため、オンライン授業という新しいことに挑戦した先生たちの努力はむなしく、生徒たちからの評価は「つまらなかった」「イマイチ」と厳しいものでした。

コロナ禍によって、以上のような学校の問題点が浮き彫りになったのです。

「自分が受けた教育は正しい」と思いたい教師のマインド

こうした変化を嫌う学校の体質の根本にあるのは、「自分が受けた教育は正しい」と思いたい教師のマインドです。教師を目指す人に多いのは、学生のころ一人の教師に刺激を受けた、救われたなど、自分の経験を通じて「先生」という職業自体に思い入れを持つケースです。そのため、学校について考えるとき、自身が経験した範囲にしか想像が及ばないという傾向があります。

今の職員室を大きく分けると、50代以上の教師、40代の教師、20～30代の教師という3世代の層が存在しています。私を含めた50代以上の教師は、高度成長期に学生時代をすごしています。みんながより高い目標に向かうことが良しとされていた時代なので、高校受験も大学受験もとても厳しかったです。

教師も、より高いゴールに向けて努力をさせるべきだと考えていました。そこで多少生徒を押さえつける形になったとしても、たくさん勉強をさせていたのです。いわゆる「詰め込み教育」です。

この時代に学校教育を受けてきた50代以上の世代は、努力をすれば報われるという経験をしている人が多く、今でも「努力が大事」と考える傾向があります。

40代の教師も基本的に同じような教育を受けているため、考え方は一致します。ただし、この世代の人たちは就職氷河期を経験しています。一生懸命勉強をしてきたけど、いざ自分たちが就職をするときになったらバブルが崩壊してしまった……。そのため、「努力をしても報われないこともある」ことを知っています。

20～30代の教師は、ゆとり教育を受けていた世代からデジタルネイティブ世代まで幅広く存在しています。彼らは物心がついたときから低成長の日本で育っているので、その前の世代とはまったく違う感覚を持っています。ベテラン教師は「努力」という言葉を好む傾向があるのに対し、彼らは「自己肯定感」といった言葉を好みます。これは受けた教育の違いだと感じます。

このように、現在の職員室には異なる3つの世代が同居しています。そのため、何かを変えていこうというとき、なかなか意見がまとまりません。「いろいろな世代が混在しているのは企業も同じでは？」と思われるかもしれませんが、こと学校に関していうと、自分が受けてきた教育が授業の質にとても大きく影響するのです。

世の中が変わるにつれて、学校の教育も変えていかなければならない。頭の中ではみんなわかっていますが、具体的な対策を打ち出そうとするとなかなか意見がまとまらない。それが今の学校の実態なのです。

これからの教育で重要さを増すICTの活用

しかし、今回の学習指導要領の改訂で教科書と入試の中身が大きく変わったことで、いよいよ先生たちも本当に変わらなければならない状況になっています。

新しい教科書では「思考力」「判断力」「表現力」を伸ばす工夫が見られますが、教えなければならない知識もそれなりにあります。新しい要素が加わったことで、教科書はさらに厚みを増しました。知識は重要、「思考力」「判断力」「表現力」を伸ばすことも重要。これらをすべて教える先生たちは、大変だろうと思います。

なかには、「思考力を伸ばす学習は時間が余ったら」と考えている先生もいるかもしれません。教え方を工夫しなければ、すべてをカバーするのは難しいでしょう。

そこで今後の活用が期待されるのが、タブレットや電子プロジェクターなどを使ったICT学習です。今までの授業は、先生が黒板を使ってその日に教える内容を説明し、ところどころで生徒に質問をして答えさせたり、問題を解いたりして理解を深めるといったものでした。

しかし、板書による説明は時間がかかります。特に図形などは見やすく描かなければいけないので慎重になります。

でもICTを活用すれば、授業のポイントを生徒のタブレットに表示させ、図形などはあらかじめ用意されたものを活用することができます。それによって、板書に取られていた時間を短縮することが可能です。

また、文章や口頭の説明ではなく、写真や動画を見せた方が伝えやすいこともあります。たとえば光村図書の中学1年生の国語教科書には、『星の花が降るころに』（安東みきえ）という小説が掲載されています。そのなかで「銀木犀」という花が登場するのですが、キンモクセイの花は知っていても、銀木犀は知らないという子がほとんどでしょう。

そんな子どものために教科書の下の段にはQRコードがあり、これを読み込むと銀木犀の写真が見られるようになっています。このような工夫は他の教科でも見られます。

また、算数や数学の授業では先生の説明の後に問題を解くことが多いですが、生徒によっては簡単すぎて、みんなが解き終わるまで時間を持て余していることがあります。

1クラスに30〜40人の子どもがいれば、理解度がバラバラなのは当然のこと。特に公立校はみんなが理解できるように指導していくので、どうしても下のレベルの子に合わせて授業を進めざるを得ません。

でも、ICTを活用すれば生徒の理解度に合わせた問題に取り組ませることができます。理解できている子は先に進み、理解がまだ怪しい子は基本問題を解くことで理解を深めていく。個々の習熟度に合わせて学習ができる点も大きなメリットです。また、それを共有することで先生は生徒一人ひとりの学習の進み具合を把握することができます。

このように、ICTをうまく使うことで授業の効率化が進み、知識を教えたり問題を解いたりする時間を短縮することができます。そのぶん確保できた時間で、「思考力」「判断力」「表現力」を伸ばす学習をするというのが理想です。

探究学習には自ら課題を見つける力が必要

近ごろ、「探究学習」という言葉をよく耳にするようになりました。

「探究」とは、自ら課題を設定して問題を解決すること。探究的な学びは、実は20年前から始まった「総合的な学習」でも取り入れられていましたが、そのときはあまり注目されていませんでした。

それが2017年に一部改訂された学習指導要領で、より明確に「探究的な学び」を重視すると打ち出されました。その理由は、これまでも何度も説明してきましたが、正解のない今の社会を生き抜くには、自ら課題を見つけてそれについて考え、問題解決する力をつけることが必要だからです。

小中学校ではこれまでと同じように「総合的な時間」の中で探究学習をしていきますが、高校では2022年から「総合的な学習」から「総合的な探究」へと名前を変え、より力を入れて学習していくことになっています。

「探究的な学び」をするうえで最も大事なのは、子ども自らが主体的に課題を設定することです。課題とは、言い換えれば「問い」を持つこと。

私たちが暮らす社会には、さまざまな問題（課題）があります。たとえば、砂浜にプラスチックゴミがたくさん捨てられていたとします。それを見て、どうしてここにこんなに落ちているのだろう？　このゴミはどこから来ているのだろう？　誰が捨てたのだろう？　プラごみが増えるとどんな問題が起きるのだろう？　どうしたら改善することができるのだろう？　など、いろいろな問いが生まれてきます。このように、自ら問いを持つことが探究の始まりです。

問題を解決するには設定した課題についての情報を集め、それを整理・分析して自分の考えとしてまとめ、発信していく必要があります。また、自分の考えを伝えて終わりではなく、他の人からの質問や意見、自分自身の振り返りによって、新たな疑問が生まれてきます。それをまた新たな課題として設定し、探究し続けるのです。

このように、プロセスを踏みながら次ページ上図のように探究のサイクルをらせん状につなげていきます。これをくり返すことで、問題解決する力が身についていくのです。

探究活動に欠かせないのが、今回の大学入試改革でポイントとなった「思考力」「判断力」「表現力」です。ＩＣＴはこれらの力を伸ばす学習にも最適です。第3章でシンキングツールについてご紹介しましたが、タブレット普及が早かった多くの私立学校では、アプリ

探究のプロセス

探究における生徒の学習の姿

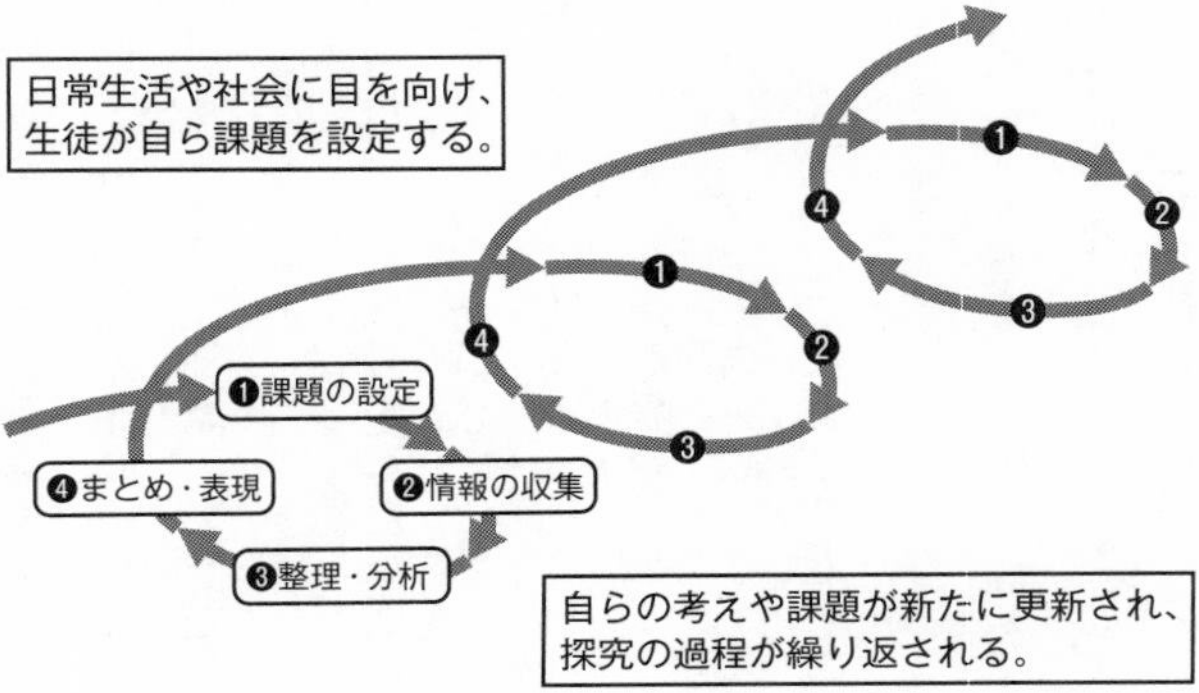
日常生活や社会に目を向け、
生徒が自ら課題を設定する。
❶課題の設定
❷情報の収集
❸整理・分析
❹まとめ・表現
自らの考えや課題が新たに更新され、
探究の過程が繰り返される。

文部科学省【総合的な探究の時間編】高等学校学習指導要領（平成30年告示）解説より

でこれらのツールを活用しています。アプリがいいのは、「比較」「分類」「関連づけ」など、考えるために必要なプロセスがツールになっているところ。そこに事実や意見などを書き出すことで、問題解決の糸口が見つけられるようになっています。

これらのツールは自分の考えをまとめるだけでなく、クラスメートの意見をまとめるときにも活用できます。それぞれがタブレットに書き込むことで、情報を共有することができるので、先生が黒板にそれぞれの意見を書く必要もありません。

また、手を挙げての発言になると、おとなしいタイプの子は自分の意見を言えなくなってしまいますが、タブレットに書き込むのならそのハードルはぐっと低くなります。いろいろな学校から、これらを活用することで子どもたちに積極性が見られるようになったという感想を聞きました。

また、タブレットでプレゼンの資料をつくったり、動画を作成したりするなど、伝えるためのツールとしても活用できます。これからの教育には、タブレットが欠かせない存在になってきているのです。

まずは教師と親の意識改革を

これまでの学校教育は、先生が生徒に知識を教え、その定着度をテストで測るといったものでした。その最終ゴールが大学入試だったのです。

しかし、これからの学びは知識を習得するだけでなく、それを活用して考えることが中心になっていきます。

そのときに大事になってくるのが先生の「問い」です。

たとえば世界史で第二次世界大戦について学ぶとします。これまでなら、第二次世界大戦について必要な知識を教えることが授業の中心でした。先生からの問いがあったとしても、「なぜ第二次世界大戦が起きたか?」といった、既存の知識から考えられるものだったのです。つまりそこには答えがあり、知識を覚えていれば答えられたのです。

でもこれからは、なぜ第二次世界大戦が起きたかという知識を得たうえで、「次の戦争をどう防ぐか?」という問いに変わっていきます。

「思考力」「判断力」「表現力」を伸ばすための問いの中身が「未来」へ向くのです。しかし、未来のことは誰にもわかりません。先生が問いを投げてみたものの、生徒からいろいろな意見が出てまとまらず、授業が終わってしまうなんてことになるかもしれません。でも、それはそれでいいのです。

私もそうでしたが、先生というのは、「先生の授業はわかりやすい」と言われることに喜びを感じるものです。そのため、できるだけわかりやすく教えようと、教えることに力を入れてしまいます。でも、これからの授業は、必ずしも先生がすべて教える必要はありません。必要な知識に関してはあらかじめ資料などを用意しておき、授業の前までに目を通しておくように指示し、授業ではその補足をするということでいいのです。それによって確保できた時間を有効に使うべきです。

ところが、生徒に問いを投げて考えさせる授業というのは、騒がしくなるだけであまりやりたくないという先生がいます。先生には、どうしても「自分の授業は自分のペースでやりたい」という気持ちがあるからです。そこには、「先生の授業はわかりやすい」と言ってもらいたいというエゴがあります。

また、教えるだけの一方通行の授業はよくないと生徒に質問を投げかけるものの、こういう問いかけをしたらこう返ってくるだろう、と予測できるような質問をする先生も少なくありません。そうやって、自分の授業をコントロールしているのです。でも、それは双方型の授業をやっているふりをしているにすぎません。

本来の授業とは、先生のためではなく、子どもたちの力を伸ばすためにあるのです。子どもたちに問題解決する力をつけたければ、先生は正解のない問いをたくさん渡してあげるべきです。それによって、授業がまとまらなくなったとしてもかまいません。

「もしあなただったらどうする？」
「この考えは、他のどんなことに活用できると思う？」

こうした問いから、問題解決ができたり、何か新しいアイデアを見つけたりすることができるようになるからです。

変わらなければいけないのは、先生だけではありません。親御さんも今の教育を理解する必要があります。

「そうはいっても、世の中は結局学歴とか学力でしょ？」と、学校に成績を上げることだけを求める親は少なくありませんが、それを続けている限り学校は変われません。

教科書が変わり、入試が変わり、学校の授業が変わる。そのためには、先生は授業のやり方を変えていかなければならないし、親たちも考え方を変えていかなければなりません。そうやってみんなが少しずつ変わっていかなければ、本当の意味で教育を変えることはできないのです。

第5章

〝やりたいこと〟を見つけられる子の育て方

子どもが一番困る「将来の夢は何？」という質問

「あなたの将来の夢は何？」

よく大人は子どもにこんな質問をします。しかし、この質問にすぐに答えられる子はごくわずか。多くの子は「わかんな〜い」と答えに困ってしまいます。

一方で、「ユーチューバーになって、億万長者になりたい！」なんて答えが返ってきたら、親は「そんなこと、できるわけないじゃない！」と否定する。結局のところ、この質問からは会話が広がらないのです。

将来の夢がない——。大人からすると、なんだかもどかしく感じますよね。でも、それは夢がないのではなく、どう答えていいかがわからないだけということも考えられます。

昔はこの仕事に就けば、このくらいの年収がもらえて、このくらいの年齢で家を買って…

…と、自分の将来をある程度イメージすることができました。「大人になったときのために、今は一生懸命勉強しよう！」と夢に向かって頑張ることができたのです。

でも、今はＡＩの登場でいろいろな仕事が淘汰されています。そもそも目指している仕事が将来残っているかどうかもわかりません。そのため、将来から逆算して今やるべきことを考えるのが難しくなっているのです。

マインドマップで「好き」から世界を広げていく

しかし、「好きなこと」から発想を広げていくことはできます。

マインドマップというツールをご存じでしょうか？　マインドマップとは、頭の中で考えていることを整理したり、連想させたりして思考を広げていくツールです。マインドマップはビジネスで新企画や新商品を開発するなどいろいろなことに使えますが、夢や目標を見つける手助けもしてくれます。

これはある高校生のマインドマップで、進路を決めるに際して、「自分は何を学びたいのか」を探るために書いたものです。「学びたいこと」というテーマを中心に置いて、そこから自分のやりたいことを好きなだけ書いていきます。

マインドマップの例

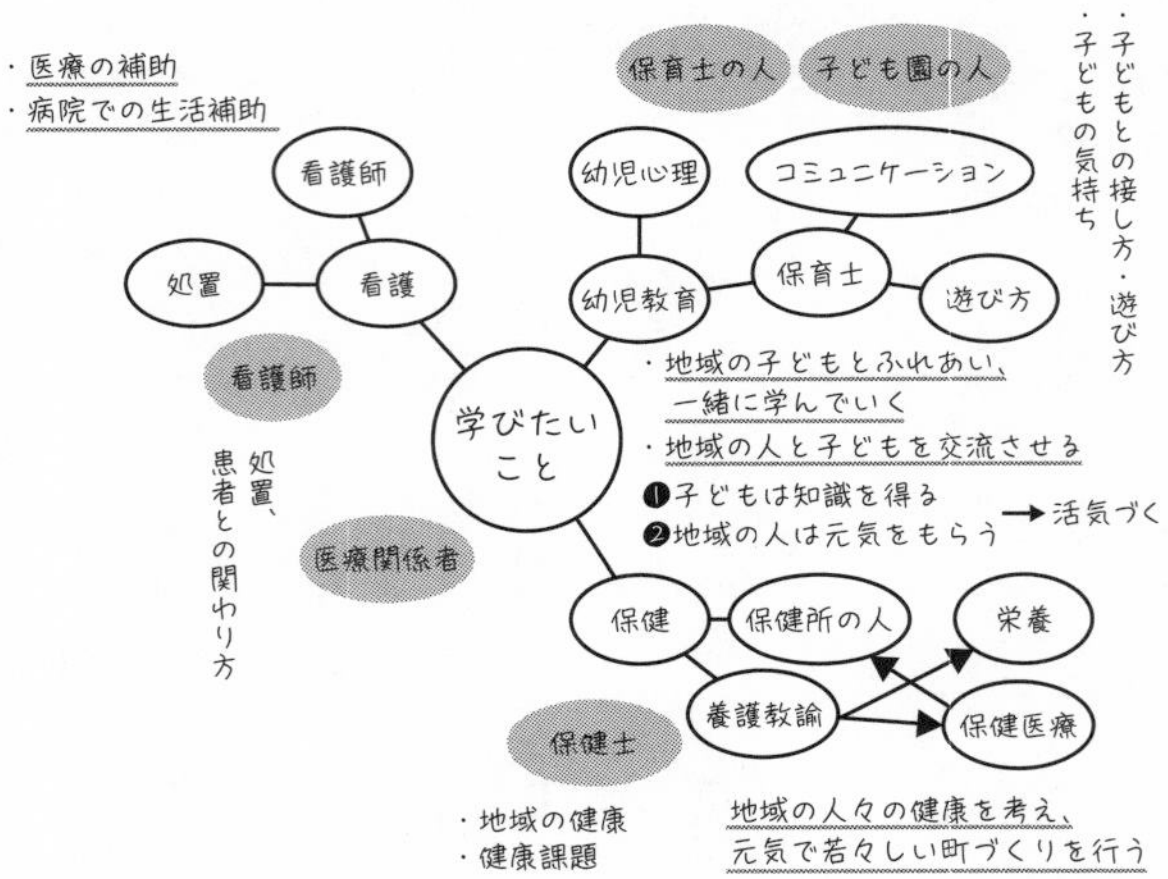

この生徒は、「幼児教育」「保健」「看護」の3つをあげました。その中からどんな仕事があるかを書き出していきます。たとえば「幼児教育」に関する仕事がしたければ、保育士になる道と幼児心理を研究する道があります。

でも、自分は実際に子どもと触れ合うのが好き、触れ合いたいと思ったなら保育士を選択します。そして、保育士になるにはどんな力が必要なのか、自分だったらどんなことをやりたいのかを考えていきます。

マインドマップは答えを出すものではありません。あくまで思考を広げる手助けをするもので、最終的に決めるのは自分自身です。高校生であれば世の中にはどんな仕事があって、どんな専門性が必要なのかは自分で調べることができるでしょう。そうやって思考を広げていきます。

では、小学生以下の子どもにはできないのかといえば、そんなことはありません。具体的にどんな道へ進むかは決められないかもしれませんが、自分の好きなことがどんな世界へ広がっていくのかを実感することはできます。小学生以下の子どもの場合には、大人が声かけをして思いを引き出し、導いてあげるといいでしょう。

たとえば「あなたはどんなことをやっている時間が好き?」と聞いてみたところ、「ゲームしているとき」という答えが返ってきたとします。そうしたら「ゲームをしていると、どんなことがおもしろいの?」と、楽しいと思うポイントを聞いてみます。

うまく答えられないかもしれませんが、小学生でも高学年以上になれば「場面がどんどん変わって、達成できるのが楽しい」などと答えてくれるでしょう。

そうしたら、「そうなんだー。そういうのが楽しいんだね。じゃあ、どういうときに場面が変わるの?」「どういうシーンだと『ここではやめられない』って思う?」と、さらに細かく聞いてみます。

すると、大抵の子どもは自分の好きなことなので、どんどん答えてくれます。そうやって、子どもの好きなことについて、あれこれ聞いてみます。話を広げてから、「ゲームってどうやってつくるんだろうね?」とつくる側をイメージさせる質問をしてみます。

そうすると、「たしかに、ゲームってどうやってつくるんだろう?」「どんな人がつくっているのかな?」「自分だったらこんなゲームをつくってみたいな」「どうしたらゲームをつくる人になれるのだろう?」と、自分の好きなことと仕事をつなげて考えるようになります。まずはそうやって、大人が子どもの興味を広げる手伝いをしてあげるのです。

将来の夢をゴールから逆算するのではなく、「好きなこと」から広げていくという発想です。

好奇心は何歳になっても残っている

AIやロボットの登場で今ある仕事の半分近くが遠からずなくなると言われています。農業や工業の自動化、ロボット化はすでに進んでいるのでイメージしやすいですが、オフィスでの反復作業やデータ処理作業といった事務仕事も近い将来に自動化されるでしょう。

ホテルのフロント業務やレストランの案内といったサービスも、今はロボットや機械に置き換わっているところがあります。人手不足と言われている医療や介護の現場も、これからはロボットが活躍してくれるかもしれません。

このような社会では、AIより効率よく働けない人は必要とされなくなってしまうでしょう。そう聞くと、なんだか怖い社会だなと不安に思うかもしれませんが、すべての仕事がAIに奪われてしまうわけではありません。

AIは単純作業や大量のデータを高速で処理することは得意ですが、まったく何もないところから新しいものを生み出したり、人の気持ちをくみとってよりよい方法や対策を考えたりすることはできません。これらは、人間にしかできないことなのです。

そうしたことを行うために必要なのが、これまでくり返し説明してきた「思考力」「判断力」「表現力」です。これらの力を伸ばすために教育の中身が変わり、入試の中身が変わったということをここまでお伝えしてきました。

これらの力を伸ばすうえで欠かせないのが、「なぜだろう?」という問いです。

幼い子どもは好奇心が旺盛で、見るもの、聞くもの、触るものすべてに興味を示します。

そして、言葉が話せるようになると、「これは何?」「なんで○○なの?」「どうして?」と質問をくり返します。

はじめはそんな子どもの姿を愛おしく思い、丁寧に相手をしてあげるのですが、ありとあらゆることに対して質問してくるので、次第に大人は答えるのが億劫になったり、忙しいのを理由に相手にしなくなったりしてしまいがちです。

すると、「知らないことを聞くのはよくないことなんだ」「疑問に思っちゃいけないんだ」と思い込み、好奇心の蓋を閉めてしまいかねません。そして、だんだん物事に対し疑問を持たなくなり、考えることをしなくなります。そうなってしまうと、新しいものを生み出したり、問題解決をしたりといった人間にしかない力を伸ばしていくことはできません。

そうならないためには、何歳になっても子どもの「問い」に向き合うことです。なかには答えられない質問もあるでしょうが、そんなときは「なんでだろうね～。どうしてだと思う?」と逆に聞いてみるのもいいでしょう。

おもしろい答えが返ってきたら、「それはおもしろい考えだね!」とほめてあげると、考えることの楽しさを感じて、前向きにとらえるようになります。わからないことは質問していいし、自分で考えてみてもいい。この絶対的な安心感を与えることが大切です。
一緒に調べてあげると、「わからないことがあったら調べればいいんだ」ということがわかり、「わからない」をそのままにしなくなります。また、調べることで理解を深めたり、新たな疑問が生まれたりします。それをまた調べて、をくり返すことで好奇心のループが生まれるのです。

小さいころはいろいろなことに興味を示していた子どもも、大きくなるにつれて「僕はこれが好き」「これはあまり関心がない」など、好き嫌いが出てきます。そしたら、その「好き」をどんどん伸ばしてあげてほしいと思います。

これからは、自分の「好き」を見つけた子が輝ける時代になります。スマホやインターネットでいくら情報をたくさん得ても、それは「みんなが知っていること、みんなができること」で特別に重宝されることはありません。

でも、みんなが知らないことを知っていたり、みんなが思いつかない発想ができたりする人は、〝特別な武器〟を持っていると言えます。そして、その力が必要とされる場所は必ずあります。子どもの「好き」を伸ばしてあげることが、わが子の人生の幸せにつながっていくというわけです。

大切なのは自己肯定感を下げないこと

小学生になって勉強が始まると、一日の多くをクラスですごして集団生活に必要なルールを身につけていくことになります。小学校には通知表があり、勉強と生活態度が評価の対象になるので、多くの親御さんは子どもの成績を気にするようになります。

しかし、この時期の勉強のやらせすぎには要注意です。お子さんが楽しく勉強をしていればいいですが、そうでない場合は「宿題をやっていればよし」というくらいにしておきましょう。勉強ももちろん大事ですが、小学生のうちはたくさん遊び、自分の好きなことを見つけ、没頭することがのちのち「得意なこと」「自分の強み」になるからです。

また、集団生活では「授業中は静かにする」「おかしな質問はしない」というように、〝いい子〟でいることが求められます。「これからは個性が大事」と言っておきながら、集団の輪を乱す子は先生の標的になり、叱られてしまうのです。

この時期は集団のルールを学ぶ経験をさせることが大事なのであって、できる・できないだけで評価してしまうと、「できない僕はダメな子なんだ……」と自己肯定感を下げてしまいかねません。

この時期の子どもに最も必要なのは自信を持たせることです。小学生のうちは、「細かいことで叱らない」「勉強嫌いにさせない」という二つに気をつけましょう。

小学生の子どもはまだみんな可能性を秘めています。得意なものもあれば、苦手なものもあるでしょう。苦手なものはテストで点がとれないかもしれませんが、得意なものでその力を発揮していたら、そこを大いにほめてあげましょう。今の時代はオールマイティーである必要はありません。好きなもの、得意なものが一つでもあれば、それが大きな強みとなって、自分の人生を切り開いていけます。

中学受験では第一志望にこだわりすぎない

近年、首都圏では中学受験が過熱しています。中学受験は入試当日の学力で合否が決まるため、塾の受験カリキュラムがスタートする小学3年生の2月から3年間かけて準備をしていきます。中学受験の勉強が始まると、毎週の小テストやクラスを決める月例テスト、志望校の合格パーセンテージを測る模試など、常に成績と順位が出ます。すると、もっと上へ上へと、親は子どもを頑張らせようとします。

しかし、小学生の子どもは成長に個人差があります。精神的に大人びた子であれば、目標に向かって頑張ることができますが、幼い子だとなかなか難しいと思います。また、学習の理解度も成熟度が大きく影響してきます。こうした子どもの成長を無視して、中学受験をさせると、成績が伸び悩むだけでなく、無理やり勉強をやらされているという気持ちが強くなり、勉強嫌いになってしまうことがあります。子どものためにと思って始めた中学受験で、勉強嫌いにさせてしまっては本末転倒です。

中学受験で第一志望校に入れる子は、全体の約3割と言われています。つまり、その他大勢の子は第二志望校、第三志望校、第四志望校に通うことになります。なかにはすべての学校が不合格で、公立中学に進学する子もいます。小学校生活の約半分を受験勉強に費やしたにもかかわらず、第一志望の学校に行けない……。

そうなってしまったときは親も子もショックですが、それをいつまでも引きずってしまうと、「受験に失敗した」という気持ちだけが残り、その後の中学、高校生活が楽しめなくなってしまいます。

わずか12歳の子どもが挑戦する中学受験は、長い人生で見れば通過点にすぎません。そこで思うような結果が出せなかったとしても、その後の人生が終わってしまうわけではないのです。志望校には合格できなかったとしても、それまで学んだこと、親子で頑張ってきたことは、決して無駄ではありません。

そうやって結果ではなく、「そこまで頑張ってきた過程」に目を向けてほしいと思います。それを認め、ほめてあげれば、子どもは自信をなくすことはありません。この時期に最も大切なことは、子どもの自己肯定感を下げないことです。

中学の勉強は点数より思考力を重視する

中学生になると教科ごとに教える先生が変わり、授業の内容が難しくなってきます。学期ごとに中間テストと期末テストがあり、その結果で成績がつけられるなど、小学校の勉強とは大きく変わってきます。

また、この年ごろになると自我に目覚め、自分と周りを比べるようになります。中学生にとって、勉強ができるかどうかは自己肯定感の高低に大きく関わってきます。勉強ができれば進路の幅が広がるだけでなく、「僕は頑張ればできるんだ！」と自分を肯定的にとらえられるようになり、さまざまなことにチャレンジできるようになります。

逆に勉強に苦手意識があると、「どうせ僕はダメなんだ……」とあきらめる気持ちが強くなってしまい、勉強に対するやる気が起きないだけでなく、何に対しても前向きになれなくなります。

こう言うと、「これからの時代は個性が大事なんて言っておきながら、結局は学力なんでしょ？」とおっしゃる方がいるかもしれません。

これまでの仕事は、作業を中心とした「タスク型」でしたが、これからは国籍の違う人たちと一緒に協働しながら仕事を進めていく「プロジェクト型」になっていきます。こうした人たちと一緒に仕事をしていくうえで、最低限身につけておきたいのが、国際語として使われる英語とある程度の知識。学力があって困ることは何もありません。

たとえば、地球温暖化の対策を考えるのに二酸化炭素の性質がわかっていないようでは困ります。「思考力」が重要である一方で、物事を考えるベースとなる良質な知識も不可欠です。この知識を得るために勉強は必要なのです。

だからといって、がむしゃらに勉強して膨大な知識を手にしたところで、ネット上の〝集合知〟にはかないません。今は、一生懸命勉強をして、偏差値の高い高校、大学に入れたとしても、それ以外に何か得意なものがなければ選ばれる人にはなれません。

ですから、親御さんはお子さんの成績を求めすぎないでください。親がテストの点数や成績にこだわりすぎてしまうと、子どもはその期待に応えようと、テストで点を取るためだけの暗記やパターン学習に走ってしまうからです。

「急がば回れ」という言葉がありますが、わが子に幸せな人生を歩んでほしいと願うのであれば、目先の点数や成績にとらわれるのではなく、これから生きていくうえで必要な力を身につけさせる方が大切です。この時期にこれらの力をつけておけば、学力は後からでもついてくる、と私は思っています。

大切なのは「家庭力」です。考え方は先にお伝えした幼児期の子どもの接し方と同じで、日ごろから子どもの「なぜ?」「どうして?」に、親は向き合いましょう。親が答えられることは答え、親でもわからないことは一緒に調べたり、考えたりします。

ただし、思春期にさしかかっていると、疑問を持っていても親と話したくないことがあります。そういうときはテレビのニュースなどを見ながら、「これってどう思う?」と子どもに意見を聞いてみるといいでしょう。中学生だからといって子ども扱いせず、対等な立場で意見交換をしてみてください。

そのときは、大人から見ておかしなことを言っていても否定せず、「どうしてそう思ったの?」「その根拠は?」とさらに突っ込んで聞いてみましょう。うまく答えられなかったら、「わかるように教えて」と物わかりの悪い親を演じるのです。

すると子どもは自分の考えを整理して、相手に伝わる(または納得してもらえる)言葉を選び、表現を工夫します。そうやって、家庭内の会話を通じて考える習慣を身につけ、「思考力」「判断力」「表現力」を鍛えていくのです。

高校での「探究」は進路に直結する

高校生になっても考え方は同じです。学校の勉強はできるに越したことはありませんが、成績を上げることだけが目標にならないように、いろいろな経験をさせてあげてください。

高校生になったら得意分野をどんどん伸ばし、興味のあることに没頭させましょう。

2022年から高校でも新学習指導要領が導入され、新しいカリキュラムでは「探究」の授業がスタートします。小学校、中学校でも「総合的な学習」で探究的な学びをしますが、高校の探究の授業では自ら課題を設定し、それについて調べ、考えを深め、問題解決する力を身につけていきます。中学までの探究的な学びは、何か一つのテーマを与えられ、それについて調べ、自分の考えをまとめるといった「調べ学習」に近いものですが、高校では自ら課題を発見するところから始まります。ここが大きな違いです。

私たちが暮らす社会は、少子高齢化や貧困格差、人種差別などの社会問題や、地球温暖化や生物多様性をはじめとする自然問題など、さまざまな問題を抱えています。こうした日々の生活で感じる疑問や「なぜだろう？」と不思議に思うことを見つけ、自分の課題として設定します。探究学習については第4章で説明しましたが、では高校生にとっての「探究」という授業はどのような位置づけなのでしょうか。

意義として大きいのは、大学で専門的な学びをする前に、自分は何に興味を持ち、どんなことに関心があるかがわかることです。中学までの探究的な学びは、あるテーマについての情報を集め、整理・分析し、まとめるといった探究に必要なスキルを身につけることが主な目的でした。高校からは、自分にとって関わりがある課題を見つけ、それが自分の生き方につながるように取り組んでいきます。

たとえばテレビのドキュメンタリーを見て、「日本の子どもの貧困」にショックを受けたとします。「日本は世界の中では経済的に恵まれているはずなのに、なぜ貧困が起きているのか」という疑問を感じ、解決の糸口を考えたくなった。これが課題設定です。背景にはどんな問題があるのか、海外の貧困と日本の貧困にはどんな違いがあるのか、海外ではどのような貧困問題の解決策をとっているのかを調べ、分析し、自分なりの解決策を考えていきます。

このように、自ら課題を発見し、考えを深めていくことが「探究」です。その際に、自分の関心を深めて終わりではなく、そこからどのような解決策を導けるか、社会にどのように貢献できるかという視点を持つことが大切です。

こうした探究活動を通じて、自分にとって関心があるのはこの分野なんだと気づくことができれば、それが進路を選ぶきっかけになります。

「好きなこと×社会で役に立つ」が一番幸せ

ここまで、「子どもの好きなこと」「興味のあること」を伸ばすことが大事であるとお伝えしてきました。それが、その子の人生の強みになるからです。

もう一つ、大事な要素があります。自分のやりたいことを見つけ、それを将来仕事にしていくには、ただ「自分が好き」というだけでなく、それが誰かの役に立つか、世の中のためになるかという他者に向けた視点を持つということです。

幼少期から小学生までは子どものやりたいこと、好きなことをどんどんやらせて、中学生くらいになったら、子どもの好きなことを認めつつ、「それをすることで周りの人を幸せにできるか？」という意識を少し持たせるのです。

たとえば、お子さんがマンガを読んだり描いたりするのが好きだったとします。だったら、ずっとマンガを読んでいれば幸せな人生が歩めるのかというと、それは違いますよね。ただ自分が楽しいというだけです。

人は一人では生きていけません。さまざまな人と関わり合いながら生きていきます。自分の好きなことで生きていきたいなら、それによって誰を幸せにできるのかを考える必要があります。親御さんには、そのきっかけを与えるようにしていただきたいのです。

人は他者に認められたり、感謝されたりするとモチベーションが上がるものです。たとえば友達から「〇〇ちゃんの描いたマンガを読むと元気になる」なんて言われたら嬉しいし、励みになりますよね。そうやって少しずつ他者に目を向けるように促していきます。

高校生になったら、それが世の中や社会にどう役立つのかを意識させます。たとえば、マンガを通じて社会の隠れた部分に光をあてることができれば、「自分の好きなことで世の中の役に立つ」ことになりますよね。

すると、自然と自分の進む道が見えてきます。マンガ家を目指すという選択もあるし、関心のある問題について学べる大学へ進学する選択もある。あるいは出版社に就職してマンガ担当の編集者を目指すという選択もあります。そうやって、自分で自分の進む道を切り拓いていくのです。

【人生を切り拓く3つのステップ】

①自分にとって楽しいことを見つける
②それが周りの人を幸せにできるか考えてみる
③それがどう世の中の役に立つか考えてみる

ただ②③については、子ども自身が考えて実社会の職業と結びつけられることは稀です。やはり、親や学校の先生など、大人との対話を通して答えを導いてあげるといいでしょう。自分にとって楽しいこと（好きなこと）が、相手にとっても社会にとってもいい。人は誰でも、誰かの役に立ち、感謝されるのはうれしいものです。そんな仕事を見つけることができたら、きっと幸せな人生を送れることでしょう。これからの大学の学びは、そのやりたいことを深めるためにあるという考え方に変わっていくと思います。

大学とは本来、自分がやりたいことを研究する場所です。つまり、探究的な学びそのものなのです。高校で探究的な学びをしてきた人は、大学選びも自分が本当にやりたいことができる大学・学部を選択します。

このように、学びたいことがはっきりしている人にぴったりなのが、第1章で紹介した総合型選抜です。近年の大学入試は、私立大学では総合型選抜が約半分を占め、国公立大学でも増加傾向にあるとお伝えしました。

総合型選抜の前身であるＡＯ入試では「一芸入試」という誤解がありましたが、慶應義塾大学をはじめとする本来のＡＯ入試は、高校までの探究的な学びの延長上にあるものでした。国や大学が総合型選抜をすすめている理由は、そこにあります。

これから日本の教育は本当の変革期を迎える

自分のやりたいことや学びたいことが明確な人は、目指すべき大学や学部がしっかりと見えています。また、大学側も学ぶ意欲のある人に来てほしいと思っていることは間違いありません。総合型選抜の考え方は、とてもシンプルで理にかなっています。

小学校、中学、高校の教育が知識を教えることから知識を活用して考えることへと変わり、探究的な学びが行われるようになって、総合型選抜の割合が増えていけば、時代に合わない偏差値教育からようやく脱することができるようになるでしょう。

そして、これまで分断されていた教育の現場と実社会との連動を生み出し、先行きが見えない時代でも強くしなやかに生き抜ける人を育成することができる。私は、近い将来の教育がそのようになることを信じています。

もちろん、高校生の段階ではそこまではっきり自分のやりたいことがわからないという人もいるでしょう。そういう人は一般選抜で受験することになりますが、大学を自分のやりたいことを見つける場にすればいいと思います。

一番心配なのは、特にやりたいことがなくて、ただコツコツ勉強して人気大学の指定校推薦を狙うという考えの人です。「努力」が評価されていたころであればまだしも、今は努力だけで生きるのは逆に危険ではないでしょうか。

小学校、中学校、高校の教育が変わり、大学入試が変わり、日本の教育はいよいよ本気で変わろうとしています。でも、本当に変わるには、それを教える先生たちも変わらなくてはいけないし、何より親御さんの意識を変えていかなければいけません。

わが子の成績に一喜一憂するのではなく、「この子は今どんなことが好きなんだろう?」「どんなことに興味を持っているんだろう?」と常に関心を持ち、それを伸ばしてあげてください。大人たちの意識を変えることが、子どもたちの未来を明るくします。

おわりに

東京2020オリンピック・パラリンピックを見ながら、この原稿を執筆していました。コロナ禍での開催ということで物議を醸した大会ではありましたが、アスリートが一年間の延期を乗り越え、競技に真摯に向き合う姿には大いに感銘を受けました。日本選手団のメダルラッシュは、自国開催という有利な点があったとはいえ目を見張るものがありました。ついついテレビの前に釘づけになり、原稿を書く手が止まってしまいがち…という2021年の夏でした。

そして、日本のアスリートから気がついたことがあります。

「体力に劣る相手に対して精神力で立ち向かい、善戦したものの最後は力尽きて敗れた」

かつて、こんな場面を多く見た気がします。それが今回の大会では、勝利に向けた綿密な戦略が感じられ、途中ハラハラさせられることがあっても、最後はきっちりと勝ちきることが多かったように思うのです。いったい何が変わったのでしょうか？

「体育会系」という言葉があります。上下関係などの規律が厳しく封建的というイメージですが、「努力、忍耐」「精神一到何事か成らざらん」といった言葉も頭に浮かんできます。近年、この「体育会系」に対してメスが入ってきたように感じています。

「精神の強化」でなく「メンタル・トレーニング」
「肉体の強化」でなく「フィジカル・トレーニング」

何でも横文字を使えばいいわけではないですが、ニュアンスが相当異なり、「精神・肉体」といった言葉は根性論的なものに感じられますが、「メンタル・フィジカル」といった言葉には科学的な要素が感じられます。

外国人の指導者も多くなりました。カリスマ監督の指示通りチーム一丸となって頑張り抜くというのではなく、コーチとじっくり対話しながらゲームプランや戦略を立てていく。日本のアスリートも、いつの間にかこのような戦い方ができるようになっていることに気づかされました。

世界で戦うオリンピック・パラリンピックのアスリートたちは、日本のこれまでのスポーツ界の取り組みを見直し、新たなスタイルを構築しなければ戦えなかったのでしょう。

さて、なぜこの「おわりに」に、最近のアスリートたちの取り組みを書いたのか、説明が必要かもしれません。

本書でも何度か説明しましたが、新学習指導要領では、子どもたちに次のような能力を身につけさせることが目標として掲げられていました。

・実際の社会や生活の中で生きて働く「知識及び技能」
・未知の状況にも対応できる「思考力、判断力、表現力等」
・学んだことを人生や社会に生かそうとする「学びに向かう力、人間性等」

アスリートたちの取り組みは、ある意味でこの三本柱の精神をそのまま体現しています。

子どもたちが生きていく社会は、これから大きく変化していくでしょう。働き方や人との関わり方も激変することは間違いありません。また、相次ぐ災害や環境問題など、まさに未知なる状況への対応が求められる世界を生き抜く必要があります。

そんな状況に対応できる力を、ぜひとも身につけてもらいたいと切に願っています。そして、持続可能な素晴らしい未来を仲間たちとともに創っていってほしいのです。

本書の執筆にあたっては、多くの方々から力添えをいただきました。今までお世話になった多くの方との対話のおかげで、本書をまとめることができました。皆様には深く感謝いたします。執筆の機会を与えてくださった青春出版社の岩橋陽二さん、執筆協力をしていただいた石渡真由美さん、そして時には折れそうになる心を支えてくれた妻の美恵に心から感謝を贈りたいと思います。

2021年11月

石川一郎

もっと突き詰めたい読者の方にオススメの本

『2020年の大学入試問題』
（石川一郎／講談社現代新書）

この本の原点です。聖パウロ高等学校の本間勇人校長と、GLICC（グリック）代表の鈴木裕之氏とまとめました

『先生、この「問題」教えられますか？』
（石川一郎／洋泉社）

『学校の大問題』
（石川一郎／SBクリエイティブ）

探究型教育についてまとめた本で、いずれも知窓学舎塾長の矢萩邦彦氏との共著です

『ゼロから1カ月で受かる 大学入試 志望理由書のルールブック』
（神崎史彦／KADOKAWA）

カンザキメソッド代表神崎史彦氏の本。今回、最も参考にさせていただいた本です

青春新書
INTELLIGENCE

こころ涌き立つ「知」の冒険

いまを生きる

"青春新書"は昭和三一年に——若い日に常にあなたの心の友として、その糧となり実になる多様な知恵が、生きる指標として勇気と力になり、すぐに役立つ——をモットーに創刊された。

そして昭和三八年、新しい時代の気運の中で、新書"プレイブックス"にその役目のバトンを渡した。「人生を自由自在に活動《プレイ》する」のキャッチコピーのもと——すべてのうっ積を吹きとばし、自由闊達な活動力を培養し、勇気と自信を生み出す最も楽しいシリーズ——となった。

いまや、私たちはバブル経済崩壊後の混沌とした価値観のただ中にいる。その価値観は常に未曾有の変貌を見せ、社会は少子高齢化し、地球規模の環境問題等は解決の兆しを見せない。私たちはあらゆる不安と懐疑に対峙している。

本シリーズ"青春新書インテリジェンス"はまさに、この時代の欲求によってプレイブックスから分化・刊行された。それは即ち、「心の中に自らの青春の輝きを失わない旺盛な知力、活力への欲求」に他ならない。応えるべきキャッチコピーは「こころ涌き立つ"知"の冒険」である。

予測のつかない時代にあって、一人ひとりの足元を照らし出すシリーズでありたいと願う。青春出版社は本年創業五〇周年を迎えた。これはひとえに長年に亘る多くの読者の熱いご支持の賜物である。社員一同深く感謝し、より一層世の中に希望と勇気の明るい光を放つ書籍を出版すべく、鋭意志すものである。

平成一七年

刊行者　小澤源太郎

著者紹介

石川一郎〈いしかわ いちろう〉

「聖ドミニコ学園」カリキュラムマネージャー、経済産業省「未来の教室」教育コーチ(2019年度)、知窓学舎カリキュラムマネージャー、「アサンプション国際小・中・高等学校」教育監修顧問。「21世紀型教育機構」理事。1962年東京都出身、暁星学園に小学校4年生から9年間学び、85年早稲田大学教育学部社会科地理歴史専修卒業。暁星国際学園、ロサンゼルスインターナショナルスクールなどで教鞭を執る。前かえつ有明中・高等学校校長。「21世紀型教育」を研究する教師の研究組織「21世紀型教育を創る会」を立ち上げ幹事を務めた。

いま知《し》らないと後悔《こうかい》する
2024年《ねん》の大学入試《だいがくにゅうし》改革《かいかく》

青春新書 INTELLIGENCE

2021年11月15日　第1刷

著者　石《いし》川《かわ》一《いち》郎《ろう》

発行者　小澤源太郎

責任編集　株式会社プライム涌光

電話　編集部　03(3203)2850

発行所　東京都新宿区若松町12番1号 〒162-0056　株式会社青春出版社

電話　営業部　03(3207)1916　振替番号　00190-7-98602

印刷・中央精版印刷　製本・ナショナル製本

ISBN978-4-413-04638-1

©Ichiro Ishikawa 2021 Printed in Japan

本書の内容の一部あるいは全部を無断で複写(コピー)することは著作権法上認められている場合を除き、禁じられています。

万一、落丁、乱丁がありました節は、お取りかえします。

こころ涌き立つ「知」の冒険!

青春新書 INTELLIGENCE

弘兼流 やめる! 生き方	弘兼憲史	PI・602
会社を離れても仕事が途切れない7つのツボ	伊藤賀一	PI・603
ウイルスに強くなる「粘膜免疫力」	溝口 徹	PI・604
認知症グレーゾーン 「人の名前が出てこない」だけではなかった	朝田 隆	PI・605
感情を〝毒〟にしないコツ 心と体の免疫力を高める「1日5分」の習慣	大平哲也	PI・606
あの神様の由来と特徴がよくわかる 日本の神様の「家系図」	戸部民夫	PI・607
英会話 言わなきゃよかったこの単語	デイビッド・セイン	PI・608
脳科学者が教える「ストレスフリー」な脳の習慣	有田秀穂	PI・609
ボケたくなければ「奥歯」は抜くな	山本龍生	PI・610
リーダーとは「言葉」である 行き詰まりを抜け出す77の名言・名演説	向谷匡史	PI・611
自衛隊メンタル教官が教える 心をリセットする技術	下園壮太	PI・612
「エビデンス《科学的根拠》」の落とし穴	松村むつみ	PI・613
自分で考えて動く部下が育つすごい質問30	大塚 寿	PI・614
血糖値は「腸」で下がる 腸からインスリン・スイッチをオンにする生活習慣	森 豊 松生恒夫	PI・615
最速で体が変わる「尻《しり》」筋トレ 1日5分! 世界標準の全身ビルドアップ術	弘田雄士	PI・616
〝スカノミクス〟に蝕《むしば》まれる日本経済	浜 矩子	PI・617
最新の日本史 教科書の常識がくつがえる!	河合 敦	PI・618
ビジネスが広がるクラブハウス	武井一巳	PI・619
語源×図解 くらべて覚える英単語	清水建二	PI・620
ストレスの9割は「脳の錯覚」 思考グセに気づけば、もっとラクに生きられる	和田秀樹	PI・621
還暦からの人生戦略 最高の人生に仕上げる〝超実践的〟ヒント	佐藤 優	PI・622
2035年「ガソリン車」消滅	安井孝之	PI・623
2030年を生き抜く会社のSDGs	次原悦子 サニーサイドアップグループ	PI・624
ミッドライフ・クライシス	鎌田 實	PI・625

お願い ページわりの関係からここでは一部の既刊本しか掲載してありません。折り込みの出版案内もご参考にご覧ください。